Ye
000

CE QUE DISENT

LES FLEURS

PARIS. — IMPRIMERIE CHARLES BLOT, RUE BLEUE, 7.

CE QUE DISENT

LES FLEURS

SONNETS

PAR

ANTONIO SPINELLI

NOUVELLE ÉDITION

Revue et augmentée

PARIS

E. DENTU, ÉDITEUR

LIBRAIRE DE LA SOCIÉTÉ DES GENS DE LETTRES

PALAIS-ROYAL, 15, 17 ET 19, GALERIE D'ORLÉANS

1884

Tous droits réservés

DU MÊME AUTEUR

Sur les Grèves. — Un fort volume in-8°. — Deuxième édition. — *Épuisé*.

Pour paraître prochainement :

Les Symphonies de la Nuit. — Un volume grand in-18.

Aux Magnolias de la Villa ',¹

Salut, Magnolia! fleur de la fantaisie.
L'aube a versé sur toi ses célestes pâleurs;
Et ton urne, où la nuit laisse tomber ses pleurs,
Recèle des senteurs de nard et d'ambroisie.

On rêve en te voyant de vague poésie;
L'âme attristée oublie un instant ses douleurs;
Et c'est ta fleur, aimée entre toutes les fleurs,
Qui brille au premier rang sous le ciel de l'Asie.

Eh bien! lys d'Orient, dont nos lys sont jaloux!
Sous le firmament bleu, je sais un front plus doux
Que ton front transparent, fait de neige et d'opale:

Et je sais — sans parler d'une angélique voix —
Une haleine plus fraîche et plus pure cent fois,
Que le parfum qu'au soir ta chaste coupe exhale.

Lac de Como. — Juin 1882.

EN GUISE DE PRÉFACE

ENCOURAGEMENTS

DONNÉS A L'AUTEUR PAR SES AMIS

I

Il est passé le temps des fades bergeries.
Au siècle des abbés joufflus, des falbalas,
Des mouches, de la poudre et des afféteries,
Poète, a succédé le siècle du compas.

Assez de chants d'amour, de creuses revêries,
De sonnets à la lune, à Vénus, à Pallas;
De larmes, de soupirs, de tendres causeries,
Le soir au bord du lac, le jour sous les lilas.

Le présent est obscur et l'avenir est sombre !
Nulle étoile aux yeux d'or pour guider, dans cette ombre,
Les générations, qui s'en vont au hasard ;

Le flambeau de la foi n'éclaire plus personne ;
Le chiffre a remplacé la croyance ; et de l'art
Méconnu, dédaigné, la dernière heure sonne !

II

Que prétends-tu donc faire, — ô stupide insensé ! —
Au milieu de la foule avec ton luth d'ivoire ?
De quel songe d'amour, de quel rêve de gloire,
De quelle ambition ton cœur est-il bercé ?

Crois-tu ressusciter, par hasard, le passé ?
Ou de notre âge ayant perdu toute mémoire,
Aurais-tu, vaniteux, le fol orgueil de croire
Qu'on lira tes sonnets ? — Le siècle est trop pressé !

Il fallait naître au temps où la muse servile,
En flattant, avec art, et la cour et la ville,
Recueillait des bienfaits, des titres, des honneurs;

Maintenant, c'est trop tard; nos grandes théories
Ont fait justice, enfin, de tous ces flagorneurs
De Poètes, aux flancs gonflés de niaiseries!

III

D'ailleurs, est-ce au moment solennel où le sol
S'entr'ouvre sous nos pas, où la tempête gronde,
Où l'idée en progrès, partout, poursuit son vol;
Où chacun, à son gré, fait la carte du monde;

Est-ce à cette heure, dis, importun rossignol,
Qu'il convient, — inspiré par quelque tête blonde,
De chanter les exploits du hautain Tournesol,
Et du blanc Nénuphar, ce monarque de l'onde?

Quand l'Europe, inquiète, arme ses bataillons,
Qui veux-tu qui te suive à travers les sillons
Pour entendre causer les fraîches Marguerites?

Nous avons autre chose à faire, sur ma foi !
Et tes vers pourraient bien, —malgré tous leurs mérites,—
N'être connus, mon cher, que du ciel — et de toi !

L'AUTEUR A SES AMIS

I

Aux souffles du printemps quand s'éveille la terre,
Que les petits oiseaux, par le Seigneur bénis,
Suspendent, en chantant, aux rameaux les doux nids
Qui de leur frais amour contiennent le mystère :

Quand le ruisseau jaseur, qui ne peut pas se taire,
Tant il est gai de voir les jours d'hiver finis,
Épanche dans les prés, aux gazons rajeunis,
Son onde, où la Pervenche en mai se désaltère :

Croyez-vous que la fleur qui s'entr'ouvre, et l'oiseau,
Et la brise embaumée, et l'herbe, et le ruisseau
S'inquiètent du monde, et redoutent ses blâmes?

Pourquoi donc le poète, exempt d'ambition,
Y songerait-il, lui, qui n'a pour mission
Que d'élever les cœurs, et de sauver les âmes!

II

Eh! que m'importe à moi, qui crois avec ferveur
Que l'avenir nous garde une aurore éclatante;
Chers amis, que m'importe à moi — pauvre rêveur! —
Le bruit que fait le siècle en sa marche constante!

Je ne recherche point la fragile faveur
De la foule inquiète, avide, haletante;
Ses lauriers épineux ont une âcre saveur:
La popularité n'est pas ce qui me tente.

Ma Muse est une enfant au front chaste, au cœur pur;
Ses yeux, sous leurs longs cils, du ciel gardent l'azur;
Sa chevelure est d'or comme celle des anges;

Elle fuit les cités, dont elle craint les fanges,
Aime les chants sacrés qu'on entend au saint lieu,
Et la grande nature, où vit et parle Dieu!

Paris, 8 octobre 1863.

PRÉLUDE

PRÉLUDE

I

Au couchant enflammé, terme de sa carrière,
Le soleil disparaît dans des flots de lumière;
Le crépuscule meurt, les lointains se font noirs;
Les contours des coteaux s'allongent dans la brume,
Le jour lutte avec l'ombre, et l'étoile s'allume
      Au dôme obscur des soirs.

Les troupeaux ont quitté le penchant des collines;
Les sillons sont déserts; les cloches argentines,
Au fond de la vallée, ont sonné l'Angelus;
Les pâtres sont rentrés dans leurs pauvres chaumières.
Et les petits enfants ont embrassé leurs mères,
      Et prié leur Jésus!

Caché dans les Lilas des ombreuses allées,
L'oiseau jette à l'écho ses cadences perlées ;
La luciole brille au revers du buisson ;
Et les tristes grillons, que chaque soir rassemble,
Se répondent de loin, et répètent ensemble
      Leur plaintive chanson.

Las des rayons du jour, au sein des fleurs nouvelles.
Les papillons moirés ont reployé leurs ailes ;
La verte libellule, au corselet changeant,
S'endort dans les glaïeuls, où sa trompe s'abreuve :
La lune à l'horizon se lève, et met au fleuve
      Des paillettes d'argent.

Dans l'espace, on entend des murmures étranges.
Les Roses des vallons, les Lys aimés des anges,
Ouvrent leur frais calice à la rosée en pleurs ;
Les zéphyrs, dans les airs, répandent leurs haleines ;
Les vents parlent aux bois, les monts parlent aux plaines.
      Les étoiles aux fleurs !

C'est l'heure du repos, l'heure sainte et bénie,
Où tout n'est que prière, où tout n'est qu'harmonie
Dans les champs de l'éther, sous le firmament bleu :
L'heure mystérieuse et calme, où le poète,
Pensif et recueilli. se tait, penche la tête,
  Et laisse parler Dieu !

II

A cette heure du soir, où s'endort toute peine,
Si l'amour, comme moi, vous retient dans sa chaîne,
  Frères bénis du ciel !
Vous avez entendu ces murmures sans nombre,
Qui s'élèvent des bois, et qui montent, dans l'ombre,
  Aux pieds de l'Éternel !

Mystérieux concerts, étranges symphonies,
Qui remplissent le cœur d'ivresses infinies,
    D'extatiques désirs ;
Merveilleux unisson de notes inconnues,
De l'océan, de l'air, de la terre venues
    Sur l'aile des zéphyrs.

Mélange de soupirs, d'haleines parfumées,
De bruits d'ailes, de sons, de choses innommées,
    D'airs tristes et joyeux ;
Accords rhythmés par Dieu dans l'ombre et le mystère,
Pour que notre âme, hélas ! trop liée à la terre,
    Se souvienne des cieux !

Sur la cime des monts, dans les plaines fécondes,
Au milieu des forêts, au bord des claires ondes,
    Sur la mousse des bois,
Aux lieux où l'on entend chanter la Mandragore,
Dans les pays brumeux, que le soleil ignore,
    Partout ces mêmes voix,

— Susurre harmonieux de la nuit embaumée —
Ont frappé votre oreille attentive et charmée,
   Réjoui votre cœur;
Et vous avez cherché, poètes symboliques,
A saisir, dans leur vol, les paroles mystiques
   De ce céleste chœur.

Moi, j'ai fait comme vous, frères; et, dans l'ensemble
De ces voix, qu'à la nuit la Nature rassemble
   Pour son concert divin,
J'ai distingué des sons, qui sortaient du calice
De ces nocturnes fleurs, où le sylphe se glisse
   Et dort jusqu'au matin.

Dans mon extase, alors, j'ai tout voulu connaître.
Pour entendre les fleurs, j'ai pris l'amour pour maître.
   J'ai vécu sous sa loi;
Et, grâce à ses leçons, j'ai compris ce langage
Qui n'a plus aujourd'hui, — c'est peut-être dommage, —
   Rien de caché pour moi !

Les Jasmins étoilés, les Jonquilles, les Roses,
M'ont confié, le soir, de ravissantes choses.
         Je sais tous les secrets
Des Cactus empourprés, des pensives Pervenches,
Des Daturas trompeurs, des Aubépines blanches,
         Et des mornes Cyprès !

———

III

Je sais ce que les Lys, pendant les nuits sans voiles,
Racontent chastement, à voix basse, aux étoiles,
         Leurs virginales sœurs ;
Ce que disent aux prés les fraîches Violettes,
Ce qu'aux brises du soir murmurent les clochettes
         Des Liserons jaseurs.

Je sais pourquoi la Rose étale tant de charmes ;
Pourquoi la Citronnelle est toujours dans les larmes :
Pourquoi le jaune Œillet est si content de soi ;
Pourquoi le Myosotis, d'une voix inquiète,
De l'aube au crépuscule, incessamment répète :
  « Souvenez-vous de moi ! »

Je sais pourquoi le Thym méprise la paresse :
Pourquoi la Primevère aime tant la jeunesse,
  Et l'Iris les oiseaux ;
Pourquoi la Clématite est pleine d'artifices :
La Tulipe aussi fière, et pourquoi les Narcisses
  Se mirent dans les eaux.

Je sais ce qu'aux rêveurs murmure la Pensée ;
Ce que le Mimosa répète à la rosée :
Ce que dit la Pivoine au cœur de l'homme impur :
Ce que la Marguerite apprend aux jeunes filles :
Ce qu'aux désespérés disent les Grenadilles,
  Aux pétales d'azur.

De la Belle-de-Nuit je sais les riants songes ;
Du Buglosse hâbleur je connais les mensonges,
      Par l'envie inspirés ;
Et la mine agaçante et les coquetteries
Que les Belles-de-Jour font, au sein des prairies,
      Aux papillons nacrés.

Je sais pourquoi l'Aster est rempli de prudence ;
Pourquoi la Rose blanche est la fleur du silence ;
Pourquoi la Rose jaune est heureuse au sérail ;
Pourquoi la Sensitive a peur d'être surprise,
Et pourquoi la Fuchsie agite, dans la brise,
      Ses grelots de corail.

Des Lilas embaumés je connais les symboles ;
Dans mon cœur j'ai, souvent, recueilli leurs paroles
      De tendresse et d'amour ;
L'odorant Chèvrefeuille et les Roses mousseuses
M'ont, jadis, fait passer des heures bien heureuses,
      Et plus d'un heureux jour !

Aux morts aimés, je sais ce que dit l'Asphodèle ;
Pourquoi la Giroflée au malheur est fidèle ;
Pourquoi l'Héliotrope adore le soleil;
Pourquoi de ses désirs l'Œillet vif nous enflamme ;
Pourquoi la Tubéreuse enivre et plonge l'âme
    Dans un fatal sommeil !

Je sais ce qu'aux zéphyrs disent les Capucines ;
Aux phalènes d'amour les belles Balsamines,
    Et les frais Romarins ;
Pourquoi la Pâquerette est aussi curieuse ;
Pourquoi l'on voit toujours pleurer la Scabieuse,
    Et rire les Jasmins.

Je connais les détours des Lavandes sournoises ;
Les peines du Souci; le bonheur des Armoises ;
L'insensibilité du froid Camellia ;
Le sommeil accablant des Pavots; l'éloquence
Du Nymphéa-Lotus ; et la reconnaissance
    Du tendre Dahlia.

Sous le brûlant soleil de juin, à peine écloses,
Dans les Alpes, un jour, les Anémones roses
      M'ont conté leurs douleurs ;
Et la jaune Immortelle, aux tombeaux enchaînée,
M'a dit, en soupirant, sa triste destinée,
      La cause de ses pleurs !

Je sais ce qu'au théâtre, au bal, la nuit, en rêve,
La Renoncule dit aux blondes filles d'Ève ;
Ce que le Nénuphar raconte aux flots dormants ;
Ce que l'Hortensia murmure à la coquette ;
Le Laurier aux héros ; l'Angélique au poète,
      Et le Myrte aux amants.

Je sais ce qu'aux buissons disent les Églantines ;
Aux gazons verdoyants les pâles Argentines,
      Au front plein de candeur ;
Ce que dit la Lunaire à tous les cœurs frivoles ;
Ce que dit le Muguet, dont les douces paroles
      Nous font croire au bonheur !

De la Sauge et du Lin je connais les églogues.
Dans les blés j'ai, souvent, surpris les dialogues
Des Bleuets délicats et des Coquelicots ;
Et j'ai, plus d'une fois, entendu l'Ancolie
Raconter, au milieu de sa triste folie,
   Ses amours aux échos !

IV

Dix ans, — et c'est peu dire — à l'aube matinale,
Au pâle crépuscule, à l'heure où la cigale
Dans les sillons déserts fait entendre son cri ;
Au jardin, sur les monts, dans le creux des vallées,
Par des jours sans rayons, par des nuits étoilées,
L'âme heureuse, ou le cœur par les chagrins aigri ;

Aux bords fleuris du Tibre et de l'Adriatique,
Près du Rhin, de l'Arno, de la mer Atlantique,
Aux pays du soleil, aux pays du brouillard ;
A Naples, où tout rit ; à Londres, où tout pleure,
J'ai, partout et toujours, en tous lieux, à toute heure,
Interrogé les fleurs, de la voix, du regard.

C'était ma passion, mon rêve, ma folie !
Jadis, quand je vivais sous le ciel d'Italie,
Je n'avais, près de moi, que ma mère et des fleurs ;
J'allais les retrouver dans les champs, dans les plaines ;
J'aspirais, librement, leurs suaves haleines ;
J'admirais, à loisir, leurs splendides couleurs !

Je les aimais d'amour, sur leurs tiges posées,
Ces filles du soleil et des fraîches rosées ;
Leurs célestes parfums enivraient tous mes sens ;
Étamines, pistils, corolle, vase, ombelles,
Festons, ciboire, épis, grappes, feuilles — en elles
J'aimais tout ; mais, surtout, j'aimais leurs doux accents.

Traînant, avec orgueil, leurs longs manteaux de reines,
Ou n'ayant, pour charmer, que leurs voix de sirènes ;
Simples filles des champs, fières filles des rois,
Étalant leurs blasons avec des airs superbes,
Ou cherchant à cacher leurs fronts purs dans les herbes,
Toutes sur mon cœur libre avaient les mêmes droits.

Je les aimais d'amour, et j'étais aimé d'elles !
Toutes me connaissaient, toutes m'étaient fidèles,
Toutes avaient pour moi de semblables attraits ;
Toutes me prodiguaient leurs parfums, leurs tendresses,
Leur myrrhe, leur encens, leurs divines caresses,
Car toutes savaient bien que je les adorais !

C'était là le beau temps, le temps des rêveries !
De l'aube au soir, j'avais de longues causeries
Avec les Orangers, les Roses et les Lys ;
Tout mon bonheur, c'était de les voir me sourire,
Pendant ces jours brûlants où j'entendais Tityre
Sous les ombrages frais chanter Amaryllis !

Puis, sont venus les jours mauvais, les jours d'épreuve;
De la vie, à mon tour, j'ai dû suivre le fleuve;
Il m'a fallu quitter mes fleurs et mon soleil,
Ma jeune poésie et mon insouciance,
Pour mordre au fruit amer de ton arbre — ô Science!
Qui fait perdre la joie, et perdre le sommeil.

J'ai vu le monde; j'ai vu les hommes, mes frères;
J'ai vécu de leur vie, et connu leurs misères;
J'ai vu la trahison s'arrêter à mon seuil;
J'ai vu la calomnie ardente à me poursuivre;
L'amitié me mentir; et j'ai souvent — pour vivre —
Dû, jusques à mes pieds, courber mon fol orgueil!

Si bonne pour les uns, ô ma mère! ô Nature!
Comme tu fus, pour moi, sévère, avare et dure!
Alors que tu comblais les autres de faveurs,
Que tu leur prodiguais tous ces biens qu'on envie,
Que tu leur faisais belle et facile la vie,
Mère, tu m'abreuvais de chagrins, de douleurs!

Aux autres les plaisirs, les joyeuses journées,
La gaîté, les chansons, les heures fortunées,
Le *far niente*, les bals, les festins, les chevaux !
A moi la pauvreté pour unique héritage,
Les désillusions, les soucis, l'esclavage,
La morne solitude et les rudes travaux !

Hélas ! qu'il fut amer, ô Nature immortelle !
Le lait que je suçai de ta blanche mamelle !
Comme tu fus habile à me faire souffrir !
Je ne te demandais, pendant mes jours de fièvre,
Qu'un rayon de ton miel pour rafraîchir ma lèvre ;
Tu n'eus que de l'absinthe et du fiel à m'offrir !

N'importe, ô mère ingrate ! ô marâtre nourrice !
Las de traîner, toujours, dans un monde factice
Mes éternels ennuis, mon sombre désespoir ;
Las des hommes, de leurs affreuses perfidies :
Las des femmes, de leurs ignobles comédies :
Je reviens, ô Nature, à ton foyer m'asseoir.

De mes jours d'autrefois rends-moi donc l'innocence ;
Rends-moi la paix du cœur, le calme, l'ignorance
Qui fait l'enfant si bon, si croyant, si vermeil ;
Rends-moi l'ombrage frais des grands arbres, les plaines,
Les forêts — de parfums et d'oiseaux toutes pleines —
Rends-moi, surtout, rends-moi mes fleurs et mon soleil !

V

Me voilà, je reviens ! Magnolias, Verveines ;
Lys fiers du sang royal qui coule dans vos veines ;
Amaranthes, Glaïeuls, Pervenches aux yeux doux
Roses, dont la beauté fait l'honneur du parterre ;
Jacinthes, Syringas, Bruyère solitaire,
Me voilà, je reviens, me reconnaissez-vous ?

Oh! je suis bien changé, n'est-ce pas? mais qu'importe!
Si mon âme a souffert, toute foi n'est pas morte
Encore dans mon cœur si naïf autrefois!
J'aime — et je crois en Dieu, notre appui, notre père;
C'est par lui que je vis, c'est en lui que j'espère,
C'est vers lui que toujours j'élèverai la voix.

Me voilà, je reviens! — ô mes chastes maîtresses!
O mes fleurs! rendez-moi votre amour, vos tendresses!
Sur ma rouge paupière et sur mon front pâli,
Œillets, faites passer votre haleine embaumée;
Armoises, rassurez ma pauvre âme alarmée;
Lunaires, donnez-moi le repos et l'oubli!

Me voilà, je reviens, mes belles amoureuses!
Oh! nous allons passer des heures bien heureuses!
Vous allez me conter vos récits séduisants;
Me dire si, parfois, après le crépuscule,
Vous ne m'avez pas fait — vous surtout, Renoncule, —
Des infidélités avec les vers-luisants?

A mes accents plaintifs ne soyez pas rebelles !
Je vous consacrerai mes chansons les plus belles !
Je dirai vos secrets au poète, au penseur ;
Et je vous ferai voir, un jour, celle que j'aime
Depuis bientôt dix ans, — belle fleur elle-même, —
Que vous reconnaîtrez, Roses, pour votre sœur.

Sant' Ambrogio (Lombardie), 15 août 1859.

CE QUE DISENT LES FLEURS

LA ROSE

I

Lavande aux épis bleus, Jacinthes, Violettes,
Muguets, qui vous cachez au milieu des gazons;
Chèvrefeuilles, Lilas, Orangers, Pâquerettes,
Aloès, qui croissez sous d'autres horizons;

Fleurs des bois, dont le vent balance les aigrettes;
Fleurs de tous les pays, de toutes les saisons,
Vous aurez beau, le soir, ouvrir vos cassolettes,
Et parfumer les prés, les champs et les buissons;

Jamais le papillon, au bord de vos calices,
Ne viendra, s'il me voit, moi, ses chères délices,
Poser d'abord son aile aux brillantes couleurs ;

Jamais tous vos parfums ne vaudront mon haleine ;
Car mon nom est LA ROSE, et de toutes les fleurs
Qui naissent sous les cieux, c'est moi qui suis la Reine !

II

Depuis les empereurs jusqu'au rustique pâtre,
Tous ont chanté mes fleurs, mon parfum, ma beauté ;
Ma présence enivrait Néron de volupté,
Marc-Antoine m'aimait autant que Cléopâtre.

A Rome, on m'effeuillait dans les jeux du théâtre ;
Symbole de pudeur et de virginité,
Les filles de Corinthe, au regard velouté,
Me tressaient en festons sur leurs beaux fronts d'albâtre.

Pour plaire à Flore, un jour, Zéphire prit ma fleur ;
L'aurore à ma corolle emprunte sa couleur ;
Et jadis, à Pœstum, près des grottes secrètes,

Deux fois je fleurissais aux rayons du soleil :
Néère me cueillait, alors, et les poètes,
Sur leurs théorbes d'or, me fêtaient au réveil !

III

Quand des steppes du nord roula la tourbe immonde,
Qu'avec ses légions eût vaincue un Sylla ;
Quand l'empire Romain de la carte du monde
Fut rayé, sous les pieds des chevaux d'Attila.

Je crus mon règne éteint, et ma gloire féconde
Disparue à jamais. — Je tremblai... mais voilà
Qu'au milieu d'une nuit embaumée et profonde,
Une étoile, à mes yeux, soudain étincela.

Ce météore au monde annonçait un mystère,
Qui venait de changer la face de la terre :
C'était l'astre sacré de la Rédemption !

J'abjurai mes erreurs ; et, dans les basiliques,
J'eus ma place marquée au milieu des reliques
Des bienheureux martyrs de la vieille Sion !

IV

Depuis lors, j'ai régné sur cet immense empire,
Qui s'étend aux confins des pôles constellés.
J'ai vu ces grands vainqueurs, que l'univers admire,
J'ai vu tout ce qu'ont vu les siècles écoulés !

J'ai vu des rois baiser mon front avec délire,
A l'heure où tout s'endort sous les cieux étoilés ;
Et des reines, en proie au plus cruel martyre,
M'effeuiller, en pleurant leurs beaux jours envolés !

J'ai vu tous les pays et toutes les contrées :
Depuis la blonde Égypte, aux campagnes dorées,
Jusqu'aux sommets Alpins de neige recouverts ;

Et j'ai gardé partout, moi, la fleur sans rivale,
Le suave parfum que nuit et jour j'exhale,
Et ma fraîche beauté, qui brave les hivers !

LA PRIMEVÈRE

Petites sœurs, réveillez-vous !
Ouvrez vite vos cassolettes,
Faites-vous belles et coquettes,
Le printemps s'avance vers nous.

Oh ! comme les zéphyrs sont doux !
Réveillez-vous, ô Pâquerettes !
Et dépliez vos collerettes :
Voici le soleil, notre époux !

C'est moi, mes sœurs, la Primevère ;
Moi, dont la brise passagère
Prend le premier baiser d'amour ;

C'est moi, la fleur de la jeunesse,
Qui viens vous dire avec ivresse :
Avril, enfin, est de retour !

LA MARGUERITE

Je suis la Marguerite à la corolle blanche,
Je nais quand les bourgeons commencent à s'ouvrir,
Dans les prés, dans les bois, ainsi que la Pervenche,
Partout où le Seigneur m'ordonne de fleurir.

Dans mon calice d'or, où la rosée épanche
Des pleurs que le soleil, au matin, vient tarir,
Je n'ai pas de parfum, comme le Lys qui penche,
Et l'hiver ne voit pas ma tige se flétrir.

De mes sœurs du jardin je ne suis pas jalouse :
Je vis calme, au milieu des fleurs de la pelouse,
Sur la verte colline, au bord du lac changeant,

Jusqu'au jour où l'amante, en son âme ravie.
Pour avoir un secret — qui me coûte la vie ! —
Effeuille ma corolle aux pétales d'argent.

LE PERCE-NEIGE

Quoi ! toujours le sombre cortège
Du morne et rude hiver, hélas !
Toujours un ciel terne, un jour bas
Que le brouillard encore abrège.

Sur mon front, que rien ne protège,
Toujours du givre, du verglas ;
Toujours des glaçons, des frimas ;
Encore et toujours de la neige !

Qu'importe! mes pétales blancs,
Qui s'épanouissent, tremblants,
Aux pâles aubes indécises,

Consolent les cœurs pleins d'amour;
Car ils annoncent le retour
Du soleil et des tièdes brises.

LA LÉGENDE DE LA PÂQUERETTE

I

Guidés par une étoile, à Bethléem, un jour,
Des mages d'Orient, inspirés par des anges,
Aux genoux d'un enfant enveloppé de langes,
Vinrent se prosterner, le cœur rempli d'amour.

Des bergers, qui paissaient leurs troupeaux à l'entour,
Entendant, dans les airs, des murmures étranges
— Écho des chants sacrés des célestes phalanges —
Dans l'étable en ruine entrèrent à leur tour.

Les trois Mages avaient — l'Écriture les nomme —
De l'encens pour le Dieu, de la myrrhe pour l'homme,
Et, symbole divin, des trésors pour le Roi.

Les pâtres, pour présents, portaient des Pâquerettes,
Qui venaient d'entr'ouvrir leurs blanches collerettes ;
Mais ils avaient au cœur l'amour avec la foi.

II

Aux pieds du nouveau-né, l'un des Mages s'empresse
De brûler son encens aux suaves senteurs ;
Le Roi Gaspard répand la myrrhe avec largesse ;
Melchior fait briller l'or aux fauves lueurs.

Les bergers, à genoux, voyaient avec tristesse
Cette adoration ; et l'œil mouillé de pleurs :
« Ces Rois » se disaient-ils « vont, avec leur richesse,
» Nous faire oublier, nous, qui n'avons que des fleurs ! »

Comme s'il eût compris cette pensée amère.
L'enfant pousse du pied une superbe aiguière,
Prend une fleur des champs, la baise et puis s'endort.

C'est depuis ce jour-là que l'humble Pâquerette,
Autrefois toute blanche, a, sur sa gorgerette,
Une auréole rose et l'étamine d'or.

LE MYOSOTIS

Sur mon front — comme Marguerite —
Je porte mon secret écrit ;
J'aime les étangs, et j'habite
Partout où l'eau se creuse un lit.

Ma fleur, d'un bleu pâle, s'agite
Au moindre vent, au moindre bruit ;
Ma coupe d'or est si petite,
Qu'une larme d'oiseau l'emplit.

Je n'ai ni parfum, ni richesse ;
Et si près de moi l'on s'empresse,
Si l'on m'interroge tout bas ;

C'est que ma corolle inquiète
En songeant aux absents, répète
Ces trois mots : *Ne m'oubliez pas !*

L'AUBÉPINE

———

L'oiseau chante, le ciel est bleu, l'air embaumé.
L'immortelle nature, en souriant, s'éveille ;
Plus tiède est le zéphyr, l'aurore plus vermeille,
Tout renaît, tout fleurit, tout parle au cœur charmé !

La terre et le soleil, hier, ont consommé
De nouveau leur hymen. — Toi dont l'âme sommeille,
Jeune fille aux yeux bleus, pourquoi fermer l'oreille
Aux doux propos d'amour ? — c'est si bon d'être aimé !

Viens près de ce buisson respirer mon haleine !
Ouverte ce matin, ma coupe est toute pleine
De ces parfums si chers aux rêveurs de vingt ans !

Viens — et je te dirai, dans ma langue divine,
Des secrets inconnus, car je suis l'Aubépine,
La fleur de l'espérance et des premiers printemps !

L'ANÉMONE DES PRÉS

I

J'étais Nymphe, quand Zéphire
Osa me parler d'amour;
Je partageai son délire,
En le payant de retour.

Mais, jalouse de l'empire
Qu'elle exerçait, Flore, un jour,
Dans mon cœur naïf sut lire,
Et me bannit de sa cour.

« Tu garderas » — me dit-elle —
« Ton nom, et deviendras fleur ;
» Ton front couvert de pâleur

» Dira ta peine mortelle ;
» Et, contre le froid luttant,
» Tu ne vivras qu'un instant. »

II

Depuis cet arrêt sévère,
J'ai subi les dures lois
De la Déesse, et le poids
De son ardente colère.

Beauté frêle et passagère,
Sur les monts et dans les bois.
Avant le printemps, je crois,
Ainsi que la Primevère.

Mais je n'ai pas son destin :
A peine ouverte au matin,
Le souffle du dur Borée,

Qui s'étonne de me voir,
Flétrit ma robe nacrée
Et me tue avant le soir.

LE LYS ET LA JEUNE FILLE

I

LA JEUNE FILLE.

Beau Lys mélancolique aux pétales de moire,
Où s'arrêtent, parfois, mes regards languissants·
Dans ta coupe embaumée, où le zéphyr vient boire
Les larmes de l'Aurore aux rayons caressants ;

N'as-tu pas, ô beau Lys, aussi blanc que l'ivoire,
O Lys, dont le parfum enivre tous mes sens ;
Comme les autres fleurs, dans ton chaste ciboire,
N'as-tu pas, réponds-moi, de suaves accents ?

Quand j'étais tout enfant, dans mes rêves étranges,
Je voyais, au milieu d'un cercle d'or, des anges
Qui penchaient sur mon front ta fleur, ô mes amours!

Que te murmuraient-ils dans la nuit étoilée,
Ces messagers divins. ô Lys de la vallée,
Qui fus le compagnon de mes premiers beaux jours?

II

LE LYS.

Que veux-tu que te dise un pauvre solitaire,
Enfant dont la belle âme ignore les douleurs?
Tu le vois, vers le sol je penche avec mystère
Un front que la rosée inonde de ses pleurs!

Interroge plutôt les Roses du parterre,
Dont ta joue a gardé les pudiques couleurs;
Car moi je ne sais rien des choses de la terre,
Bien que l'on m'ait souvent nommé le Roi des fleurs!

Je n'ai pas de secrets, enfant, à te redire :
Sinon que le Seigneur est grand, et que j'admire
Comment il se révèle au monde tous les jours ;

Sinon qu'il m'a filé ce vêtement de moire ;
Et qu'il a fait de moi, — chantre obscur de sa gloire ! —
La fleur de l'innocence et des chastes amours !

LE JASMIN

I

Quand les jours d'hiver sont finis,
Que le printemps, en robe blanche,
Met des feuilles sur chaque branche,
Met des oiseaux dans tous les nids;

Quand, au sein des prés rajeunis,
L'onde plus limpide s'épanche;
Et que sur les grands bois se penche
Le soleil aux rayons bénis;

Quand le ciel est plein de lumière,
Que du palais à la chaumière
Tout chante et tout rit à la fois;

J'ouvre mes fleurs — douces merveilles! —
Blondes comme l'or des abeilles,
Blanches comme les Lys des bois.

II

J'ai pour domaine, pour royaume,
Les lieux où l'air me peut nourrir;
Les humbles toits couverts de chaume,
Où l'Iris aime à s'entr'ouvrir;

Les berceaux arrondis en dôme;
Les murs où vient grimper, courir,
Le Chèvrefeuille, au doux arôme,
Que tous les ans juin voit fleurir

Partout, et sans efforts pénibles,
S'enlacent mes rameaux flexibles
Comme la taille des Péris ;

Partout brille ma fleur aimée,
Ma fleur à la coupe embaumée
Comme l'haleine des Houris.

III

Que de ravissants babillages,
Que de doux mots j'entends le soir,
Sous mes branches aux verts feuillages,
Où les amants viennent s'asseoir !

A travers les frêles treillages,
Que parfume mon encensoir,
Je leur vois faire des voyages
Au beau pays d'où vient l'espoir !

Dans un azur, que rien ne voile,
Je les vois de leur blanche étoile
Suivre les lumineux sillons,

Verser des pleurs, prier, sourire,
Et j'ai bien soin de n'en rien dire
A mes amis les papillons !

IV

Quand aux aubes orientales
S'éveillent les petits oiseaux ;
Les fraîches brises matinales,
Qui donnent des voix aux roseaux,

Déposent sur mes blancs pétales
Ces fils — aériens réseaux —
Que tressent des mains virginales,
Que filent de divins fuseaux.

Auprès de mes riches corbeilles,
Tout le jour, l'essaim des abeilles
Et des insectes importuns

Voltige, s'arrête, bourdonne;
Car, sans compter, à tous je donne
Et mon dictame et mes parfums.

LE LILAS

Oh ! vous me connaissez, amants, rêveurs, poètes ;
Vieillards aux fronts ridés, vierges aux grands yeux bleus
Vous aussi, chers trésors, enfants aux blondes têtes,
Enfants qui secouez au vent vos longs cheveux ;

Vous connaissez mon nom, et je sais qui vous êtes !
Tous les ans je vous vois, candides amoureux,
Alors que le printemps met sa robe de fêtes,
Passer dans les sentiers, où l'on ne va qu'à deux.

Pour y mieux échanger vos promesses sans nombre,
Vous venez, au matin, vous asseoir sous mon ombre ;
Souvent je vous y vois encor, quand fuit le jour ;

Car je vous glisse au cœur de si fraîches pensées,
Moi, votre confident, dont les grappes rosées
Font naître la première émotion d'amour !

LE MUGUET

———

De mon frère le Lys des bois,
Je n'ai pas le touchant emblème ;
Mais le gazon connaît ma voix,
Et la brise me dit : — Je t'aime !

J'embaume les lieux où je croîs ;
Et la rosée, à mon front blême,
Met des perles, — comme les rois
N'en ont pas à leur diadème.

Aux premiers chants du rossignol,
Je laisse courir sur le sol
Mes petites clochettes blanches,

Qui disent à l'amant rêveur :
« Les bourgeons étoilent les branches,
» Voici le retour du bonheur ! »

LA LEGENDE DE L'ÉPI DE LA VIERGE

———

Jésus venait d'entrer dans sa douzième année,
Et croissait, — dit l'Apôtre, — en grâce devant Dieu
Quand à Jérusalem, la ville infortunée
Qui devait de ses murs bannir le peuple Hébreu,

Il fut par ses parents conduit dans la journée
Qui précède la Pâque ; et, suivant saint Matthieu,
Comme ils s'en retournaient, la fête terminée,
Le futur Rédempteur resta dans le saint lieu.

Or, son père et sa mère — entre toutes bénie ! —
Le croyant derrière eux, parmi leur compagnie,
Marchèrent tout un jour ; puis, le voulant revoir,

Ils cherchèrent l'enfant, si soumis, si fidèle,
Conservant dans leur cœur un doux rayon d'espoir,
Car de l'obéissance il était le modèle.

I

Mais nul ne l'avait vu. — La Mère des douleurs,
Qui l'avait enfanté jadis dans une étable ;
La Vierge immaculée, aux pécheurs favorable,
Sentit alors ses yeux se fondre dans les pleurs ;

Et les traits recouverts de célestes pâleurs,
Elle alla demander, — de sa voix adorable, —
Aux branches du palmier, aux rameaux de l'érable,
Au soleil, aux oiseaux, au jour, à l'air, aux fleurs,

S'ils avaient vu son fils bien-aimé. — Mais les herbes,
Et la Rose, et l'hysope, et les cèdres superbes,
Et les ramiers posés sur les frais Mimosas,

Et les ruisseaux, baignant les Lys de la prairie,
Et les sombres cyprès, à la voix de Marie
Appelant son Jésus, ne répondirent pas !

III

Enfin, après trois jours de souffrances mortelles,
La Vierge et saint Joseph le trouvèrent assis
Au milieu des docteurs; et comme en leurs prunelles
L'enfant lut la stupeur dont ils étaient remplis :

« — Pourquoi donc » — leur dit-il à voix basse — « de telles
» Angoisses? Ne savez-vous pas que j'accomplis
» Les ordres de mon Père et ses lois éternelles? »
Puis il partit enfin avec eux, en bon fils.

La mère, ne pouvant le comprendre, avec charmes
Le regardait ; et puis, versait encor des pleurs ;
Mais, prodige divin ! — ses amoureuses larmes,

En tombant sur le sol, faisaient naître des fleurs
Aux pétales plus blancs que la cire d'un cierge,
Et qu'on nomme aujourd'hui *les Épis de la Vierge.*

LA BRUYÈRE SOLITAIRE

Esprits battus par les tempêtes;
Cœurs en proie au doute, à l'effroi;
Ames rêveuses, inquiètes,
Que l'Amour courbe sous sa loi;

Peintres, penseurs, sculpteurs, poëtes,
Qui dans l'avenir avez foi;
De l'art sacré, vous, les prophètes
Et les martyrs, venez à moi!

Je vous dirai sous les grands chênes,
Des épaisses forêts prochaines,
Des secrets divins, étoilés,

Inconnus dans les multitudes,
Car Dieu me les a révélés,
Pour les amants des solitudes !

LE BLEUET ET LE COQUELICOT

LE BLEUET.

Moi, je suis le Bleuet, l'ami des jeunes filles,
Le confident discret de leurs premiers aveux ;
Ma fleur, d'un bel azur, se mêle à leurs cheveux,
Quand elles vont danser, le soir, près des charmilles.

LE COQUELICOT.

Comme vous, moi j'assiste à leurs joyeux quadrilles ;
Je connais, comme vous, leurs serments et leurs vœux,
Car dans les blés jaunis nous naissons tous les deux,
Et, tous deux, nous tombons sous les mêmes faucilles.

LE BLEUET.

Les épis ondoyants nous disent leurs chagrins ;
La fauvette nous charme avec ses doux refrains ;
Le soleil nous sourit, la brise nous caresse...

LE COQUELICOT.

Les astres qui, le soir, brillent à l'horizon
Échangent avec nous des mots pleins de tendresse...

TOUS LES DEUX.

Oh ! comme nous serions heureux. — sans la moisson !

CHŒUR DE RENONCULES

I

Lorsque le printemps achève
De verdir les coteaux noirs ;
Quand les parfums de la sève
Embaument l'air des beaux soirs ;

Quand dans les bois, sur la grève,
Au bord des lacs, purs miroirs,
Nos sœurs, pour les filles d'Ève,
Ont ouvert leurs encensoirs.

Sur les monts aux fronts superbes,
Au sein des eaux, dans les herbes,
Nous étalons, au matin,

Nos tuniques d'air tramées,
Nos robes d'or fin lamées,
Et nos manteaux de satin.

II

Des champs, nous sommes la joie ;
Des prés, nous sommes l'orgueil ;
Quand le vent jaloux nous ploie,
Les Lys ont la larme à l'œil.

Au jardin où tout chatoie,
Hors la Scabieuse en deuil ;
Les Œillets vêtus de soie
Nous font un splendide accueil.

A la Rose, qu'on admire,
Nous laissons, avec la myrrhe,
L'encens, le baume et le miel ;

Ayant bien assez pour plaire,
Quand le soleil nous éclaire,
Des couleurs de l'arc-en-ciel.

III

Juin, si fécond en merveilles,
Juin, au sourire si doux,
N'eut jamais, dans ses corbeilles,
De plus frais trésors que nous.

Près de nos fleurs, sans pareilles,
Dont les Iris sont jaloux,
Viennent rôder les abeilles,
Et les frelons d'or, si fous.

Mais nous n'ouvrons nos calices
Qu'aux papillons, nos délices,
Qui nous prendraient — c'est leur vœu —

Pour leurs compagnes fidèles,
S'ils pouvaient dans le ciel bleu
Nous emporter sur leurs ailes!

LA BELLE DE NUIT

———

A l'heure où le soleil a quitté l'horizon,
Où la planète d'or s'allume dans la nue ;
Quand le jour s'est éteint, que la nuit est venue,
Et que le rossignol commence sa chanson ;

Quand, sur chaque brin d'herbe, et sur chaque buisson,
La rosée a semé ses perles — fraîche et nue,
Du rayon d'une étoile à peine revêtue,
J'entr'ouvre ma corolle au milieu du gazon.

Et pendant que les bois frissonnent; que la plaine
Retentit de rumeurs ; que la suave haleine
Du zéphyr se répand dans l'air, sous le ciel bleu :

Je recueille, humble fleur qu'un souffle fait éclore,
Dans mon urne fermée aux rayons de l'aurore,
Les larmes de la nuit, pour les offrir à Dieu !

LA PERVENCHE

I

Sur les chemins, au bord des haies,
Où fleurissent les Églantiers ;
Le long des tortueux sentiers
Qui conduisent sous les futaies ;

Dans les buissons, dans les chênaies,
Près des ormes, des marronniers,
Des eaux vives où, volontiers,
Pousse l'hièble aux rouges baies ;

Partout, quand le flot est plus clair,
Quand on entend des chants dans l'air,
Quand le ciel sourit à la terre,

Aux rayons de l'astre de feu,
Partout j'entr'ouvre mon œil bleu,
Et dis au passant solitaire :

II

« Souvenez-vous des jours de votre enfance,
» De ces beaux jours, hélas ! sans lendemain,
» Où vous alliez, le cœur plein d'innocence,
» Courir les champs, un brin d'avoine en main !

» Souvenez-vous de ces jours de croyance,
» Où, sans penser au triste genre humain,
» Vous répétiez, — rayonnant d'espérance,
» Des mots confus aux arbres du chemin !

» Ne sachant rien de cette vie amère,
» En ces temps-là, suivant votre chimère,
» Vous marchiez l'œil fixé sur l'avenir ;

» Jeunesse, enfance, amour, parfum céleste !
» Si tout a fui, que du moins il vous reste
» De ce passé quelque heureux souvenir ! »

LE NYMPHEA BLANC

Roi des lacs azurés et des ondes dormantes,
Chaque jour, en été, sur les limpides eaux,
Entre la Nayadée et les frêles roseaux,
J'ouvre ma large feuille et mes fleurs odorantes.

A l'heure où dans le sein des vagues murmurantes
Les coursiers du soleil plongent leurs blancs naseaux,
Je vais m'étendre au fond des onduleux berceaux
De mon palais humide aux vitres transparentes.

Là, parmi l'herbe verte et les joncs chevelus,
Parmi les frais gazons et les cailloux moussus,
Parmi les sables d'or que le courant entraîne,

Le front ceint de glaïeuls je retrouve ma reine,
L'Ondine aux grands yeux verts, qui me parle d'amour,
Et dans ses bras polis je m'endors jusqu'au jour.

II

Quand l'aube reparait, secouant mon sommeil,
Je perce lentement les arcades vitreuses,
Et viens, hardi plongeur, sur les eaux vaporeuses
M'épanouir encor plus frais et plus vermeil.

Tout s'anime sur l'onde, à mon joyeux réveil :
La belle Sagittaire, aux tiges vigoureuses,
Dirige, en rougissant, ses flèches amoureuses
Sur mon large ciboire au sein des Lys pareil.

La Lentille, qui croît aux lieux qui m'ont vu naître,
Tressaille de plaisir en me voyant paraître;
Et la fière Aroïde, aux pétales rosés,

Rapproche de mes pieds ses racines flottantes,
Pendant que sur mon front les brises inconstantes
Viennent, en soupirant, mettre de longs baisers !

III

Sous les saules penchés, qui, d'un air langoureux,
Dans le cristal de l'eau mirent leur chevelure,
Souvent je vois passer de jeunes amoureux,
Qui le long du flot clair marchent à l'aventure.

Leurs joyeuses chansons disent qu'ils sont heureux;
Ils vont, mêlant leurs voix aux voix de la nature;
Mais comme leurs serments sont froids, auprès de ceux
Que l'onde frissonnante à mes feuilles murmure !

Dans ma coupe d'argent où l'insecte s'endort,
La verte demoiselle au mince corset d'or,
De l'aube jusqu'au soir, tourne, s'ébat, folâtre,

Et soupire des mots que je n'écoute pas;
Car je songe à ma fée aux épaules d'albâtre,
Qui sous l'eau, chaque nuit, me berce dans ses bras!

LE THYM

———

Au bord du lac, pur miroir.
S'inclinent les Asphodèles ;
L'azur s'emplit d'étincelles,
Le coteau bleu devient noir.

Sur les tours du vieux manoir,
S'endorment les hirondelles ;
Voici la nuit — sur tes ailes,
Prends mes parfums, vent du soir,

Et porte-les — je t'en prie ! —
A cette étoile chérie
Qui, pour m'entendre parler,

— Moi, pauvre fleur si fragile
Qu'un insecte fait trembler —
Dans le ciel reste immobile.

LE NARCISSE

N'est-ce pas, flots d'azur, frais ruisseaux, sources vives,
Phalènes, dont le corps semble fait de rayons ;
Saules, qui vous penchez rêveurs le long des rives ;
Guêpes, qui dans les Lys trempez vos aiguillons ;

N'est-ce pas, vents ailés, tièdes brises plaintives ;
Alerte demoiselle, inconstants papillons ;
Vers-luisants qui causez avec les fleurs o'sives,
Écloses le matin au revers des sillons :

N'est-ce pas que, jamais, à l'aurore vermeille,
Vous n'avez, sous les cieux, vu de beauté pareille
A la mienne ? et que vous, onde pure, jamais

Vous n'avez reflété plus d'attraits, plus de charmes,
Qu'on n'en voit sur mon front nimbé d'or, où tu mets
Plus de perles, ô Nuit ! qu'Écho ne mit de larmes !

LA CHANSON DE LA MOUSSE

I

Du saint amour maternel,
Moi je suis le pur emblème ;
Aimer ! voilà sous le ciel
Mon seul but, mon bien suprême.

J'aime — et d'un amour réel —
Les champs, les monts, les prés ; j'aime
Jusqu'au reptile cruel,
Jusqu'à l'homme ingrat lui-même !

L'été, dans l s bois touffus,
Pleins de murmures confus,
Je forme, à l'ombre des branches,

Des gazons, où les amants
Vont échanger leurs serments,
Sous les regards des Pervenches.

II

L'hiver, quand tout paraît mort,
L'arbre, la fleur, l'herbe, l'onde ;
Quand, sous la bise inféconde,
La branche tremble et se tord ;

Malgré le vent froid du Nord,
Qui pleure, gémit ou gronde ;
Ma touffe embaumée abonde
Dans les forêts, où tout dort.

Habile en métamorphoses,
J'embellis encor les Roses ;
Et, sans compter, je fournis

Aux oiseaux, qui font ma joie,
Des fils plus doux que la soie,
Pour en tapisser leurs nids.

III

C'est moi que la pauvre mère
Place dans l'humble berceau,
Qui recèle sa chimère,
Et son rêve le plus beau !

Moi, qui réjouis la terre,
Lorsque vient le renouveau ;
Et qui donne, sans mystère,
Un asile au vermisseau.

Moi, qui pare les bocages,
Qui change les marécages
En frais tapis verdoyants;

Et qui couvre d'émeraude
Les toits et les murs, où rôde
Le lézard aux yeux brillants.

IV

Dans les pays où la neige
Couvre six mois les gazons;
Sous les mornes horizons
Du Spitzberg, de la Norwège;

Tendre mère, je protège,
A l'aide de mes toisons,
Pendant les dures saisons,
L'arbre que le froid assiège.

Je prodigue mes bienfaits
A tout ce qui vit; je fais
Des heureux partout; et j'aime

Jusqu'à l'homme ingrat, cruel;
Car je suis le pur emblème
Du saint amour maternel!

LE CAMELLIA BLANC

Les blancheurs de l'albâtre et de la pâle aurore;
Les Nénuphars que l'onde enferme dans ses plis;
L'aile des doux ramiers; la neige vierge encore:
Les frais Magnolias, de dictame remplis;

La perle que la mer en son sein voit éclore;
Les rayons de la lune en mai; les grains polis
Des marbres de Paros, que le soleil colore,
Sont moins blancs que mon teint, qui fait jaunir les Lys.

J'ai le charme enchanteur et la grâce suprême
Qu'on cherche sur le front qui ceint le diadême;
J'ai la candeur de l'ange et sa virginité;

J'ai tout ce qu'ici-bas peut rêver une femme
De séduisants attraits, d'idéale beauté;
J'ai tout — sauf le parfum, qui de la fleur est l'âme!

LA FLEUR DE PÊCHER

Hier dans les prés que l'onde arrose
Ayant vu le gazon courir,
Et la Primevère entr'ouvrir
Sa corolle si longtemps close ;

J'ai cru — la bonne et douce chose ! —
Que l'hiver venait de finir,
Et vite j'ai voulu couvrir
Mon sein pur d'une robe rose.

Mais les frimas sont revenus.
Il neige, il pleut sur mes bras nus,
Je tremble ; et, par le froid surprise,

Je vais, soleil, si tu n'accours,
Mourir à l'aube de mes jours,
Sous le souffle aigu de la bise !

LA PENSÉE

I

Du poète je suis la compagne fidèle ;
Comme un ange gardien partout je suis ses pas :
Assise à son chevet, je l'endors dans mes bras,
Et je le baise au front à chaque aube nouvelle.

Sous le vent du malheur quand son âme chancelle,
C'est moi qui le soutiens dans ses rudes combats ;
Moi qui veille sur lui, qui lui parle tout bas,
Et qui sèche ses pleurs du duvet de mon aile.

Quand d'impuissants rivaux à toute heure, en tout lieu
L'insultent; je lui montre, avec son auréole,
Pétrarque — triomphant — conduit au Capitole;

Homère, qu'on adore à genoux comme un Dieu;
Dante, le Gibelin — qu'une humble vierge inspire; —
Milton, son seul rival, et l'immortel Shakspeare!

II

De tout temps l'ignorance et la force brutale
M'ont voulu briser l'aile en leurs sombres fureurs :
Mais l'exil, les bûchers — c'est la règle fatale —
M'ont de tout temps aussi suscité des vengeurs!

Malgré Néron, malgré Tibère, Héliogabale,
J'ai pénétré dans Rome avec les confesseurs
De Christ; et, poursuivant ma marche triomphale,
Où poussaient des chardons, j'ai fait pousser des fleurs!

Bravant de l'Océan la colère profonde,
Un jour, avec Colomb, j'ai découvert un monde ;
J'ai dérobé la foudre au nuage vermeil :

J'ai d'un cercle de fer environné la terre ;
Et, nageant dans l'azur, quelque jour, sans mystère,
Avec l'homme de près j'irai voir le soleil !

III

Avec moi, — qui pour tous ai des mots pleins d'espoir, —
S'écoulent lentement les heures de la vie ;
En rêve, à l'exilé, sans cesse je fais voir
L'image de la douce et si chère patrie !

J'éclaire d'un rayon doré le cachot noir
Du prisonnier pleurant sa liberté ravie
Et je montre au vieillard, ainsi qu'en un miroir,
La chimère par lui vainement poursuivie !

Plus rapide que l'aigle aux regards éclatants,
Je dévore l'espace et remonte les temps;
De la nuit, à mon gré, je déchire les voiles;

Je plonge au sein des mers, je perce le ciel bleu;
Et, dans mon vol ardent, franchissant les étoiles,
Je vais me reposer près du trône de Dieu !

LA JONQUILLE

Voici que s'ouvrent les Pervenches,
Le gazon court sur les coteaux ;
A l'aube on entend, sur les branches,
Chanter en chœur les passereaux.

Dans les prés verts, en robes blanches.
Les jeunes filles — gais oiseaux —
Vont venir danser, les dimanches,
Aux sons des joyeux chalumeaux.

Nés du soleil et des rosées,
Déjà les Lilas, dans les airs,
Balancent leurs grappes rosées,

Et l'on voit près des ruisseaux clairs,
— Qu'elles effleurent de leurs ailes —
Voler les vertes demoiselles.

II

Aux zéphyrs il est temps, mes sœurs,
D'entr'ouvrir nos fraîches corolles ;
Et, bien qu'ils soient légers, frivoles.
De livrer nos douces senteurs.

Car, — souriant ou l'œil en pleurs —
L'Amour, bientôt, pour ses symboles,
Va nous demander des paroles,
Comme à toutes les autres fleurs.

Répandons-nous donc dans les plaines,
De rayons et de parfums pleines,
Afin qu'aux heures du loisir,

En tous lieux l'homme, qui nous aime,
Nous trouve comme le désir,
Dont nous sommes le vif emblème.

LA ROSE ET LE ZÉPHYR

―――

LE ZÉPHYR.

Charme et trésor de juin, belle Rose adorée,
Avant que le soleil ne boive la liqueur
Qui tremble, perle humide, en ta coupe empourprée,
Laisse-moi mettre, ô Reine! un baiser sur ton cœur!

LA ROSE

Si d'une soif d'amour ta lèvre est altérée,
Pourquoi ne vas-tu pas, mon beau zéphyr moqueur
Trouver la Renoncule à la robe dorée.
Ou la Valériane au sourire vainqueur?

LE ZÉPHYR.

C'est toi seule que j'aime. ô ma vie! ô mon âme!
O virginale fleur...

LA ROSE.

Ton haleine est de flamme!
Par grâce! éloigne-toi, va-t'en; n'approche pas..

LE ZÉPHYR.

Un baiser!

LA ROSE.

Non!

LE ZÉPHYR.

Un seul sur tes feuilles mi-closes.

LA ROSE.

Oh! je meurs...

LE ZÉPHYR.

Mais je t'aime!

LA ROSE.

Et moi je meurs. .

LE ZÉPHYR.

Hélas !
Sous mon souffle, toujours, je tûrai donc les Roses !

CHOEUR DE PAVOTS

I

Quand des monts déserts descend dans la plaine.
En habits de deuil, la Nuit, sœur du jour;
Qu'un zéphyr plus doux mêle son haleine
Aux fraîches senteurs des bois d'alentour;

Quand tout bruit s'éteint, que, pâle et sereine,
La lune blanchit le haut de la tour,
Et qu'au sein des Lys s'ébat la phalène,
Ivre de plaisirs, mourante d'amour :

Quand aux vers luisants, qui font leurs délices,
Les Convolvulus ouvrent leurs calices ;
A l'heure où l'oiseau lui-même s'endort,

Nous faisons tomber, sur les yeux des hommes.
Le calme et l'oubli des maux ; car nous sommes
Les fleurs du Sommeil, frère de la mort.

II

Dans nos veines, coule à flots la liqueur
Chère aux Musulmans, fils de la paresse :
Le suc précieux qui fait naître au cœur
Les rêves d'amour, qu'enfante l'ivresse ;

Dès que de sa lèvre, au rire moqueur,
L'homme, en proie au mal qui toujours l'oppresse,
Approche le soir ce philtre vainqueur ;
Son âme aussitôt, qu'un songe caresse,

Prend des ailes d'or, parcourt l'univers,
Plane dans l'azur, et s'élance vers
Un monde peuplé de choses étranges.

Où brillent les feux de mille soleils ;
Où les noirs poisons sont des fruits vermeils ;
Les chardons, des fleurs ; les femmes, des anges

III

Soit que nous poussions dans un champ sauvage :
Soit que nous naissions à l'ombre des blés ;
Soit que nous croissions le long du rivage,
Dans de beaux jardins aux chemins sablés ;

Partout, pour avoir ce divin breuvage,
Qui clôt doucement les yeux accablés,
Et fait accomplir à l'âme un voyage
Dans de bleus pays, d'astres constellés ;

Partout l'homme, qui chérit les mensonges,
Qui, dans son sommeil, veut voir des doux songes
Voltiger toujours le joyeux essaim,

De son pied vainqueur, hélas! nous écrase :
Ou, d'un fer brutal perçant notre sein,
Nous donne la mort pour avoir l'extase !

LA VIOLETTE

———

C'est moi qui du printemps suis l'humble messagère ;
J'annonce son retour avant les autres fleurs ;
A peine si l'on voit reverdir la fougère,
Que j'embaume déjà les bois de mes senteurs.

A nul homme ici-bas je ne suis étrangère ;
Je déteste le bruit et je hais les grandeurs ;
Aussi dans les gazons je cache, avec mystère.
Mon odorant calice et mes vives couleurs.

Mes sœurs ont un langage, ou perfide, ou frivole :
L'une, parle au rêveur ; l'autre, à l'oiseau qui vole ;
Celle-ci dit : « Amour ! » celle-là dit : « Regrets ! »

D'une autre mission moi je fus investie :
Je donne mes parfums et garde mes secrets ;
Car mon emblème c'est : — Candeur et Modestie !

LE RÉSÉDA

I

Les pleurs amoureux
De la fraîche Aurore,
Dans les ravins creux
Que l'aube colore,

Les buissons poudreux
Que le soleil dore,
Au soir, de ses feux,
Me firent éclore.

L'oiseau dans son nid,
D'herbes et de mousses,
Du printemps béni,

Des brises plus douces,
Fêtait le retour,
Quand je vis le jour.

II

Les bergeronnettes
Essayaient leurs chants ;
Toutes les fleurettes
Des prés et des champs,

Muguets, Pâquerettes.
Aux propos touchants,
Mettaient leurs aigrettes
De fins diamants.

Seule en la nature.
Triste, je rêvais;
Car moi je n'avais

Las! par aventure,
Pauvre et simple fleur.
Ni miel, ni couleur!

III

Une blonde abeille,
Du haut d'un Lilas,
Me vit, ô merveille!
Et s'en vint, tout bas

Me dire à l'oreille:
« Va, ne te plains pas!
» Tu n'es point vermeille,
» Tu n'as point d'appas;

» Et tu n'es pas peinte
» Comme la Jacinthe,
» De mille couleurs ;

» Mais le pur arome
» De ton souffle embaume
» Les brins d'herbe en pleurs ! »

IV

Près de mon calice,
L'œil étincelant,
Ensuite se glisse
Un papillon blanc.

J'étais au supplice !
Mais le vert-galant
Me dit, sans malice,
Me dit en tremblant :

» Tu n'as pas, des Roses,
» Au jardin écloses,
» Les tendres accents ;

» Mais — ô fleur des plaines !
» De myrrhe et d'encens
» Tes coupes sont pleines. »

V

Enfin, à son tour
Une coccinelle,
Dans l'herbe nouvelle
Me faisant la cour,

Me dit : « Mon amour !
» Tu n'es pas si belle
» Que la Fraxinelle
» Qui s'éveille au jour :

» Mais l'Aurore, en somme,
» T'a fait naître, comme
» Les Lys argentés

» De ses douces larmes;
» Et tes qualités
» Surpassent tes charmes! »

LA TULIPE

Mon pays est Stamboul, la reine du Bosphore,
Qui mire dans les eaux ses dômes éclatants,
Ses coupoles d'étain que le soleil colore,
Et son front couronné des fleurs de son printemps.

Transplantée en ces lieux où l'ennui me dévore,
Je songe à mon beau ciel, et regrette le temps
Où la Sultane assise au pied du sycomore,
Me confiait, tout bas, ses dés'rs inconstants.

Je sais que la Pervenche et l'humble Scabieuse
Disent à tout propos que je suis orgueilleuse,
Parce que je m'élève au-dessus du gazon ;

Que me font les discours puérils de ces folles !
Comme si je pouvais répondre à leurs paroles,
Moi, dont chaque pétale est orné d'un blason !

LA FLEUR BRISÉE

I

Foulant, distraits, sous leurs pas,
Les herbes de la prairie;
Perdus dans leur rêverie,
Et parfois causant tout bas;

Deux amoureux ont, hélas!
Brisé ma tige fleurie;
Et déjà pâle et flétrie,
Je sens venir le trépas!

Vers le gazon d'émeraude.
Où l'insecte joue et rôde,
Mon front penche, je n'entends

Plus les oiseaux; c'est à peine
Si je sens, ô doux Printemps!
Passer encor ton haleine!

II

Petit Liseron joyeux,
Approche-toi, mon idole!
Avant de tomber, je veux
Entendre encor ta parole!

J'ai froid; je brûle; mes yeux
Se ferment; et ma corolle
Aux pétales si soyeux,
A la si blanche auréole,

Se resserre ; — le soleil
Éteint son rayon vermeil ;
Et voici que la nuit sombre,

Dont j'aimais tant les douceurs.
M'enveloppe de son ombre ;
Ah ! je vais mourir, mes sœurs !

III

Adieu, verdoyant empire ;
Arbres aux rameaux touffus ;
Papillons dont le sourire
Charmait tous mes séns émus !

Adieu, terre où tout respire ;
Onde aux murmures confus ;
Sous les baisers du zéphire
Je ne m'éveillerai plus !

C'en est fait .. la mort me gagne ;
Marguerite, ma compagne ;
Pavots, Jonquilles, adieu !

Adieu, Bleuets, Asphodèles ;
L'âme des fleurs a des ailes,
La mienne retourne à Dieu !

LA VERVEINE

I

En été, ce n'est pas dans les frais labyrinthes
Des odorants jardins où s'entr'ouvrent les Lys,
Qu'il faut me chercher, moi, parmi les Hyacinthes,
Et les brillants Œillets, de doux parfums remplis.

Mes rameaux presque nus ne pourraient, sans contraintes,
Pousser près des Jasmins aux contours assouplis ;
Et mon triste feuillage assombrirait les teintes
Des Asters rayonnants et des Amaryllis.

Ma tige aux angles durs et mes fleurs purpurines
Se plaisent sur les flancs des arides collines,
Aiment les lieux déserts, le revers des chemins.

Les champs que n'a jamais déchirés la charrue,
Et qui, vierges encor des sueurs des humains,
Voient croître les Chardons, l'Osmonde et la Ciguë.

I

Fleur des enchantements, chez les Grecs, autrefois,
Dans les jeux de l'Amour, je donnais la victoire
A ceux qui m'imploraient en unissant leur voix
Aux sons mélodieux de la lyre d'ivoire.

Alors que Jupiter, qui punissait les Rois,
Voulait un sacrifice ardent, expiatoire,
De mes rameaux, à Sparte, on faisait toujours choix,
Pour orner les autels élevés à sa gloire.

A Rome, des maisons l'on chassait les esprits
En versant l'eau lustrale à l'aide de mes branches :
Et les jours consacrés, des vierges, aux mains blanches,

En couronne tressaient, pour les pères conscrits,
— Chargés de les offrir aux vaillants hommes d'armes, —
Mes tiges, que leurs yeux baignaient souvent de larmes.

III

La Nature pour moi n'avait pas de secrets.
Rien ne m'était caché. — Les Druides austères,
Qui servaient Teutatès dans les sombres forêts
Témoins, chez les Gaulois, de leurs sanglants mystères :

Avant de me cueillir parmi les noirs cyprès,
Les Mousses, les Lichens et les Pariétaires,
Aux premiers feux du jour immolaient, sans regrets,
Des captifs à leurs Dieux dans les bois solitaires.

Plus tard quand sur un mont, qui porte encor son deuil,
Dans l'arbre d'une croix, un pâle et doux jeune homme
De l'Olympe païen eut taillé le cercueil ;

Quand les Huns et les Goths eurent ravagé Rome.
Je perdis mon prestige, et la brise des nuits
Connut mes pleurs amers et mes sombres ennuis !

IV

Mais vint le moyen âge avec ses Salamandres;
Ses vampires hideux; ses chimériques loups;
Ses goules qu'on trouvait, le soir, dans les méandres
Des bois peuplés d'Esprits, de Stryges, de hiboux.

Semblable à cet oiseau qui renaît de ses cendres.
Je sortis de mon ombre alors; et, sans courroux,
Reprenant mon pouvoir, j'écoutai les mots tendres
Qu'à l'aube les amants me disaient à genoux.

Pour les sages Devins je lus dans les étoiles;
De l'avenir, pour eux, je soulevai les voiles;
Et souvent avec Faust, au cœur ardent encor,

J'ai cherché dans la nuit, aux lueurs fantastiques
De ses rouges fourneaux, les mots cabalistiques
Qui prolongent la vie et donnent le Trésor!

V

Ces siècles ne sont plus. — Du Jupiter païen
Les autels renversés gisent dans la poussière.
Sur ses temples, la Croix, brillante de lumière,
Projette ses rayons sur le monde chrétien.

Des Druides sacrés il ne reste plus rien;
Que quelque vieux dolmen, informe et brute pierre.
Recouverte à moit'é de Mousse, et que le Lierre,
Dans les champs sans culture. adopte pour soutien.

Dragons et Basilics, Démons armés de cornes.
Nains fantasques, Lutins, Guivres, Psylles, Licornes.
Alchimistes, Sorciers, Sibylles, Nécromants.

Tout a passé; le temps a tout fait disparaître.
Seule je suis restée, aux lieux qui m'ont vu naître.
Ce que j'étais jadis, l'herbe aux enchantements !

LA BELLE DE JOUR

C'est l'alouette matinale
Qui vient m'arracher au sommeil :
Le parfum qui des prés s'exhale,
Annonce à mes sœurs mon réveil.

J'ouvre ma coupe virginale
Quand je vois l'horizon vermeil ;
Quand à la porte orientale
Frappent les coursiers du Soleil.

A peine éclose sous la brise,
Les frelons que le Thym méprise,
Et les papillons inconstants,

Viennent me conter leur martyre;
J'écoute, et je les laisse dire...
Car je n'aime que le printemps.

L'OLIVIER

Encore des combats ! encore des batailles !
Encore des boulets abattant des remparts !
Encore des soldats franchissant des murailles
Et tuant, sans pitié, des bandes de fuyards !

Encor des bronzes saints sonnant des funérailles !
Des cadavres sanglants dans la poussière épars ;
Des triomphes suivis d'atroces représailles ;
Des sanglots d'orphelins, des larmes de vieillards !

Quoi! depuis six mille ans pour assouvir vos haines,
Pour plaire à quelque femme, agrandir vos domaines,
Ajouter quelque éclat, quelque lustre à vos noms;

De sang n'avez-vous pas assez rougi la terre?
Et faudra-t-il toujours que ma voix fasse taire,
Orgueilleux potentats, la voix de vos canons!

LA FLEUR DE LIN

I

— Par les plaines et par les champs,
Le long des épaisses charmilles,
Qu'allez-vous faire, jeunes filles,
Qui mêlez des ris à vos chants?

— Sans craindre les propos méchants,
Nous allons chercher des Jonquilles,
Et des Marguerites gentilles,
Qui disent des mots si touchants!

— Cueillez plutôt mes tiges frêles,
Qui frissonnent comme les ailes
D'un ramier pris par l'oiseleur.

L'esprit plein de douces pensées,
Vous en ferez. .
   — Quoi? chère fleur !
— Vos voiles blancs de fiancées.

II

— Et vous, dont l'œil est plein de flammes.
Dont le cœur bat comme à vingt ans ;
Qu'allez-vous faire, jeunes femmes,
Au bois, par ces jours de printemps?

— Voir les lieux où nous nous aimâmes,
Et cueillir, au bord des étangs,
Pour ceux qui nous ont pris nos âmes,
La fleur des amoureux constants.

— Aux Myosotis, dont les corolles
Disent de si tendres paroles,
Joignez, jeunes belles, joignez

Mes tiges, que le vent agite...
— Qu'en ferons-nous ? chère petite !
— Des langes pour vos nouveaux-nés !

III

— Dans les prés parfumés de Thym,
Dans les sainfoins, où les abeilles
Trouvent un si riche butin ;
Qu'allez-vous faire ? bonnes vieilles !

— Respirer l'air pur du matin ;
Nous asseoir à l'ombre des treilles ;
Et, pour les oiseaux, de plantain
Remplir, à l'aise, nos corbeilles.

— Prenez aussi ma fleur d'azur,
Qui frémit près du seigle mûr
Comme sous le vent frémit l'onde ;

Quand viendra l'hiver, sans efforts,
Vous ferez de ma tige blonde...
— Quoi donc ?
           — Des linceuls pour les morts !

LE DATURA

Ah! pourquoi donc toujours, abeilles lumineuses,
Guêpes, frelons nacrés, papillons, rois des airs ;
Scarabée aux yeux d'or, mouche aux ailes soyeuses,
Insectes diaprés de reflets bleus et verts ;

Pourquoi quand les bouvreuils, aux voix harmonieuses,
Dans les épais buissons chantent leurs doux concerts ;
Quand le Nymphéa sort des ondes vaporeuses,
Fuir toujours mes rameaux de larges fleurs couverts ?

N'ai-je pas, dites-moi, comme le Lys qui penche,
Des parfums enivrants dans ma coupe, plus blanche
Que la perle qui tremble au sein profond des mers ?

N'ai-je pas le front pur, le teint frais, l'œil limpide.
Le sourire...

CHŒUR D'INSECTES.

Tu n'as, — hypocrite et perfide, —
Que des charmes trompeurs et des poisons amers !

LA ROSE TRÉMIÈRE

Moi je suis la Rose trémière.
Sans rivale pour la beauté,
Je me montre orgueilleuse et fière,
Surtout de ma fécondité.

Sous le ciel bleu, plein de lumière,
J'orne, dans les jours de l'été,
Le palais, comme la chaumière,
De mon feuillage velouté.

Mon souffle embaume dans l'espace
L'haleine du zéphyr qui passe,
L'aile des légers papillons ;

Et l'étoile avec moi, dans l'ombre,
Échange des baisers sans nombre,
A l'aide de ses blancs rayons !

LA LÉGENDE DE LA ROSE DE GUELDRE

I

C'était la saison triste et monotone,
Où la feuille roule au gré du zéphyr ;
Où sous l'aquilon, qui siffle et qui tonne,
La plante et la fleur se sentent frémir.

Au souffle glacé de ce vent d'automne
Venu de la tombe, et qui fait pâlir
Aussi les vivants, — hélas ! qu'il moissonne !
Une blonde enfant venait de mourir.

Mais son âme errait près des lieux champêtres,
Où, sous l'œil de Dieu, dormient ses ancêtres ;
Car la chaste Vierge aux longs cheveux d'or,

— Même pour le ciel, séjour de lumière, —
Ne pouvait quitter son humble chaumière
Et ses prés que, morte, elle aimait encor !

II

Comme elle planait dans l'azur, un Ange
Brilla tout à coup à ses yeux ravis,
Et lui dit : — « Enfant ! puisque, chose étrange !
» Aux champs étoilés des cieux, où je vis,

» Tu préfères, toi, ce séjour de fange,
» Ce lieu de douleurs et de larmes ; dis,
» Dis en quelle fleur veux-tu que je change
» Ton être créé pour mon paradis ?

» Veux-tu, Lys d'amour, dans cette prairie,
» Balancer, le soir, ta tige fleurie?
» Briller, frais glaïeul, parmi les roseaux?

» Ou, comme le Thym et la Marjolaine,
» Veux-tu, dans les bois, de ta douce haleine
» Parfumer, en Juin, les nids des oiseaux? »

III

« — S'il m'était donné, messager céleste,
» Bel ange aux yeux bleus, de pouvoir choisir;
» Je ne voudrais être — oh! je te l'atteste!
— Répondit l'enfant tremblant de plaisir —

» Ni la Marjolaine au parfum agreste,
» Ni le Lys croissant dans l'herbe à loisir,
» Ni le frais Glaïeul, ni le Thym modeste;
» Mais, — et ce serait mon plus cher désir, —

» Je voudrais ici, dans ma plaine aimée,
» En Rose de Gueldre être transformée,
» Et m'épanouir malgré les autans. »

« — Mais tu ne vivras qu'un jour ! » — « Eh ! qu'importe !
» La nuit dans les champs me trouvera morte,
» Mais j'aurai du moins prédit le printemps ! »

LE CACTUS

Lotus bleus dont le cœur est plein d'illusions,
Au sein du pur cristal qu'aucun souffle ne ride,
Mirez en paix, mirez votre front si candide,
Puisque l'onde suffit à vos ambitions.

Moi, que brûle toujours le vent des passions,
Il me faut, pour fleurir à l'aise, un sol aride ;
Les rayons éclatants de la zone torride,
Et cet air embrasé qu'aspirent les lions.

Dans ma coupe de pourpre, à défaut de dictame,
Phébus a répandu la lumière et la flamme ;
Et le rouge Adonis, la Rose au teint vermeil,

Auprès de mes soyeux et splendides pétales
Pâlissent, comme on voit, aux aubes matinales,
Pâlir les astres d'or qui craignent le soleil !

CHŒUR DE CAMPANULES

i

C'est nous qui, sur les montagnes
Des Gaules, riant séjour;
Du Tyrol et des Espagnes,
Sonnons le réveil du jour.

C'est nous qui, dans les campagnes
Et les grands bois, tour à tour,
Pour nos sœurs, pour nos compagnes,
Sonnons l'heure de l'amour!

Quand, au milieu du silence,
La brise des nuits balance
Nos clochettes dans les airs ;

Tout se tait dans la nature,
Tout suspend son doux murmure
Pour écouter nos concerts !

II

A nos accents d'allégresse,
C'est plaisir de voir, soudain,
Les fleurs, que le vent caresse
S'agiter dans le jardin !

La Pivoine, en son ivresse,
Semble oublier le dédain
De l'Œillet, qui se redresse
Dans sa robe de satin.

Le Myrte, aux corolles blanches,
Frémit d'amour sur ses branches,
Qui bravent les longs hivers;

Et, sous leurs tuniques roses,
On voit, dans leurs corsets verts,
Palpiter le sein des Roses!

III

Oh! les jours brillants, dorés;
Oh! les belles nuits sereines,
Que nous passons dans les prés,
Que nous passons dans les plaines!

Les zéphyrs enamourés
Nous prodiguent leurs haleines;
Les vers luisants éplorés,
Tout bas nous disent leurs peines!

Dans nos coupes, dont les feux
Sont ceux du saphir, ou ceux
Des perles, que mûrit l'onde ;

Les sylphes, d'air pur nourris,
Viennent, quand l'orage gronde,
Chercher, le soir, des abris !

IV

Près de nos épis, humides
Encor des pleurs de la nuit ;
Quand les papillons timides
A l'aurore voient, sans bruit,

S'arrêter les cantharides,
Dont l'œil d'or au soleil luit :
Ou les moucherons rapides,
Que l'hirondelle poursuit ;

Pour surprendre nos paroles,
Fous d'amour, sur nos corolles
Vite ils viennent se poser,

Nous embrasent de leurs flammes,
Et, dans un ardent baiser,
Nous donnent enfin leurs âmes!

LA LUNAIRE

N'allez pas me chercher dans les landes fleuries;
N'allez pas me chercher au penchant des coteaux;
N'allez pas, en suivant vos chères rêveries,
Me chercher dans les bois, où chantent les oiseaux.

Car je n'habite pas les tapis des prairies;
Je ne croîs pas aux bords des limpides ruisseaux;
Et je n'ai pas, le soir, de longues causeries,
Avec les Nymphéas, qui dorment sous les eaux.

L'Amour tremble à mon nom qui contient mon symbole
Le parfum décevant qu'exhale ma corolle
Apaise bien des maux. calme bien des douleurs !

L'enceinte réservée aux morts est mon domaine :
Là je nais, je grandis, je règne en souveraine...
Mais je pousse plus vite encore au fond des cœurs !

LES FUCHSIAS

I

UNE FUCHSIE.

Vive la gaîté! la folie!
Le joyeux rire et les chansons!
Notre printemps est court, laissons
A d'autres la mélancolie!

Alors qu'on est jeune et jolie,
On n'écoute que les leçons
De l'Amour; aimons et dansons.
C'est en aimant que l'on oublie!

Voici venir l'heure du bal.
Le ver luisant paré, superbe,
Allume déjà son fanal

Au revers du buisson, dans l'herbe.
Il s'avance vers le jardin.
Mes sœurs : dansons jusqu'au matin !

II

CHŒUR DE FUCHSIAS.

Loin de nous les soucis moroses
Qui flétrissent le front des fleurs !
Pour le plaisir un jour écloses,
Il nous faut l'oubli, non les pleurs !

N'envions pas le sort des Roses ;
Elles ont aussi leurs douleurs,
Dont elles racontent les causes
A l'insecte aux vives couleurs !

Laissons avec l'étoile blanche
Causer la pensive Pervenche,
Qui des prés azure l'émail;

Et, par la danse électrisées,
Faisons — les pieds dans les rosées —
Tinter nos grelots de corail!

LA CLÉMATITE ET LE LISERON

LA CLÉMATITE.

Moi je suis l'ornement des plus humbles chaumières.
J'aime ces murs croulants, témoins de tant de pleurs ;
Et pour mieux en cacher les inégales pierres,
Je leur fais un rideau de feuillage et de fleurs.

LE LISERON.

Quand passent sur mon front les brises printanières,
J'aime à courir les bois imprégnés de senteurs ;
A suspendre aux rameaux, à mêler aux bruyères
Mes clochettes sans nombre aux brillantes couleurs.

LA CLÉMATITE.

Tout vous charme et vous plaît; symbole du caprice,
Vos fleurs durent un jour !

LE LISERON.

Du moins, dans mon calice,
Ouvert soir et matin aux zéphyrs indiscrets,

Je n'ai pas, comme vous, moi, de liqueur amère ;
Je livre à tous les vents ma chanson éphémère,
Mais je nais et je meurs sans laisser de regrets.

LE GÉRANIUM TRISTE

I

Vous que le chagrin dévore,
Vous que mine la douleur ;
Qui, sous la main du malheur,
Hélas ! bien jeunes encore,

Vous courbez, comme à l'aurore,
Le front couvert de pâleur,
Se courbe une pauvre fleur,
Au moment même d'éclore !

Vous qui, nuit et jour, pleurez
Ces rêves brillants, dorés,
Que l'Amour met dans les âmes ;

Venez écouter mon chant,
Quand le soleil, au couchant,
Dans la mer éteint ses flammes.

II

Venez, la brise est, le soir,
Plus fraîche et plus parfumée :
La fleur a, sans le savoir,
L'haleine plus embaumée.

Dans les lointains on croit voir
Se dresser une ombre aimée ;
Et, par un rayon d'espoir,
Souvent l'âme est transformée.

Le flot d'azur est plus clair :
On entend passer, dans l'air,
Des sons inconnus, étranges,

Comme si, quand tout s'endort
Ici-bas, là-haut les Anges
Parlaient aux étoiles d'or !

I I

Venez, rêveurs solitaires,
Près de mes tristes rameaux ;
Les soirs d'été sont si beaux,
La nuit a tant de mystères !

Pour adoucir vos misères,
Je vous dirai de doux mots :
Venez, je connais vos maux,
La souffrance nous fit frères !

Venez, et quand une fois
Vous aurez ouï ma voix,
Ma voix si pure et si tendre;

A l'heure où s'enfuit le jour,
Pauvres martyrs de l'amour,
Vous voudrez toujours l'entendre !

LE DAHLIA

Ni la Rose qui s'ouvre à l'aurore vermeille;
Ni la belle Pivoine au pétale éclatant;
Ni l'Aster, dont l'automne enrichit sa corbeille;
Ni le rouge Cactus, qui ne vit qu'un instant;

Ni la Tulipe d'or, dont Avril s'émerveille;
Ni la Mirabilis qui, pour fleurir, attend
L'heure où, sous l'œil de Dieu, la Nature sommeille,
N'ont l'éclat, la beauté de ma fleur: — et pourtant,

La brise n'a pour moi que de froides haleines ;
Le papillon me fuit ; les nocturnes phalènes
Ne m'effleurent jamais de leurs ailes le soir ;

Jamais auprès de moi l'abeille ne se glisse ;
Car je n'ai pas de miel dans mon double calice,
Je n'ai pas de parfum dans mon riche encensoir !

L'ASTER ET L'ÉTOILE

I

L'ASTER.

Larme des nuits, pur diamant.
Splendide lumière étoilée,
Tantôt claire, tantôt voilée,
Que fais-tu dans le firmament?

Est-ce quelque terrestre amant
Que tu cherches dans la vallée,
Quand sur ta tige immaculée,
Sœur, tu penches ton front charmant?

Dans le ciel, ta fraîche demeure,
Où rien ne souffre, où rien ne pleure,
Pourquoi toujours, bel astre d'or,

Trembles-tu, comme sous la brise
Frémit, à l'heure où tout s'endort,
La Rose, du zéphyr éprise ?

II

L'ÉTOILE.

Étoile du jardin, ma sœur,
Tu n'as ni l'encens, ni la myrrhe ;
Mais dans ta voix que de douceur,
O belle reine que j'admire !

Rien ne surpasse ta splendeur :
Et dans l'éther, où je respire,
Rien pour moi ne vaut ta candeur.
Rien ne vaut pour moi ton sourire !

A l'heure où s'éteignent les bruits
De la terre, si dans les nuits,
Si dans les longues nuits d'automne

Je m'incline sur l'horizon,
C'est afin de voir ta couronne
Briller au milieu du gazon !

III

L'ASTER.

Oh ! comme tu dois être heureuse
Dans les champs du firmament bleu,
Quand de ta clarté vaporeuse
S'éprend un bel ange de Dieu !

L'ÉTOILE.

Comme tu dois être joyeuse
Quand un insecte, à l'œil de feu,
S'en vient, de sa flamme amoureuse,
A l'aube, te faire l'aveu !

L'ASTER.

Dans l'azur je voudrais te suivre !

L'ÉTOILE.

Moi, dans ton air je voudrais vivre,
Sous ta corolle m'abriter,
Et contre l'hiver te défendre.

L'ASTER.

Que ne puis-je vers toi monter !

L'ÉTOILE.

Que ne puis-je vers toi descendre !

L'IMMORTELLE

Pâle fleur des tombeaux, sur mon front jaune où glisse
Sans jamais s'arrêter, le timide zéphyr,
Les siècles ont passé; car Dieu, dans sa justice,
M'a dit en me créant : - Tu verras tout mourir ! —

Et voilà six mille ans que dure ce supplice !
J'ai vu, six mille fois, les fleurs des prés s'ouvrir ;
Et sous le vent d'hiver, qui glaçait leur calice,
Six mille fois j'ai vu leur tige se flétrir.

Confidente des morts, je connais leur histoire !
Je sais ce que vaut l'homme, et ce que vaut la gloire !
J'ai vu de près l'amour, l'orgueil, la vanité ;

Rien n'est nouveau pour moi, rien ne m'offre de charmes ;
Et si chaque soleil me trouve tout en larmes,
C'est que je pleure, hélas ! mon immortalité !

CHŒUR D'IRIS

I

Le ciel est pur, l'air embaume,
Dans les prés l'herbe fleurit ;
La Jonquille offre son baume
Au frelon qu'elle chérit.

Aux toits recouverts de chaume,
Comme aux épis qu'il mûrit,
Du haut de son bleu royaume,
Le soleil joyeux sourit.

Dans les buissons vient d'éclore
L'Aubépine, que l'Aurore
Forme, au printemps, de ses pleurs;

L'onde jase; et, sur les branches,
Toutes roses, toutes blanches,
Il neige encore des fleurs !

II

Alerte ! debout, alerte !
Grimpons vite, cette fois,
Sur la muraille entr'ouverte,
Sur les coteaux, sur les toits.

La plaine est encore déserte :
Courons égayer les bois,
Où la mousse est toujours verte,
Où les arbres ont des voix.

Que nos couleurs éclatantes
Dans l'air brillent, flamboyantes,
Auprès de l'humble roseau,

Au pied du chêne superbe ;
Partout où pousse un brin d'herbe,
Partout où chante un oiseau !

III

Place, Renoncules ! Place,
Pivoines, Œillets, Jasmins :
Roses, que l'épine enlace ;
Lierres aux nerveuses mains ;

Lys issus de noble race,
Des rois les cousins germains ;
Narcisses au cœur de glace ;
Églantines des chemins ;

Place à nos fleurs embrasées,
Dont les teintes irisées
Nous ont — honneur précieux ! —

Valu le nom symbolique
Qu'avait, dans l'Olympe antique,
La messagère des Dieux !

CHOEUR D'ŒILLETS

I

Nous sommes les Œillets aux urnes odorantes,
Les Œillets diaprés, que l'ange Ithuriel
Peignit, un jour d'été, de couleurs si brillantes,
Que leur éclat, parfois, fait pâlir l'arc-en-ciel.

C'est dans notre calice, aux nuances changeantes,
Que l'abeille, au matin, fait sa moisson de miel :
Et que, le soir, timide et les ailes tremblantes,
Vient chercher un abri le doux sylphe Ariel.

En tombant sur nos seins, les larmes des rosées
Se changent aussitôt en perles irisées ;
Et les beaux papillons, dans leur rapide essor,

Enivrés du parfum qu'exhale notre haleine,
Tournent autour de nous, craintifs, osant à peine
Effleurer nos manteaux rayés d'azur et d'or.

II

Fils gâtés du soleil nous portons, fièrement,
Sur nos casques mignons de légères aigrettes :
Et ce fut une fée, au sourire charmant,
Qui broda de sa main nos fines collerettes.

En nous voyant si beaux, sous notre vêtement
De soie et de velours, les blanches Pâquerettes,
Et les Roses de Juin, viennent, ingénument,
Nous faire les aveux de leurs peines secrètes.

Mais nous laissons la Rose au grand Lys paresseux :
Car nous ne sommes pas, nous les Œillets, de ceux
Qui cachent leurs amours clandestins sous des voiles :

Quand on parfume, au soir, l'haleine du zéphyr.
Et qu'on a l'astre-roi pour père, on peut choisir,
Certes, une amoureuse au milieu des étoiles !

LE CHÈVREFEUILLE

(LIENS D'AMOUR)

I

Moi, je fleuris sur les murailles
Les jours où le printemps vermeil
Fête les belles épousailles,
Et de la Terre et du Soleil.

De mes souples et fortes mailles
J'enlace, sans donner l'éveil,
Malgré la hauteur de leurs tailles,
Les arbres pendant leur sommeil.

Puis, sur leurs rameaux et leurs branches,
J'enroule en guirlandes mes fleurs ;
Mes larges fleurs rouges et blanches

Où l'aube aime à verser ses pleurs,
Et qui, pendant les nuits sans voiles,
Boivent les lueurs des étoiles.

II

Sur les monts aux rocs anguleux.
Où l'aigle altier bâtit son aire ;
Dans la forêt que, de ses feux,
Le soleil au matin éclaire ;

Sur le versant des coteaux bleus,
Au fond du vallon solitaire,
Dans les champs, les ravins frileux.
A l'ombre du bois séculaire,

Partout l'on voit grimper, courir,
S'élever, s'accrocher, fleurir,
S'entrelacer mes tiges frêles,

Où les oiseaux, du ciel bénis,
En été reposent leurs ailes,
Au printemps suspendent leurs nids.

III

Quand le soleil brûle les plaines,
Pour me caresser, les zéphyrs
Trouvent encore des haleines,
Encor d'ineffables soupirs.

Comme les belles Marjolaines,
J'ai de suaves élixirs
Dans mes coupes, pour les phalènes
Aux insatiables désirs.

Sous mes branches frêles et souples,
En automne, les heureux couples
S'arrêtent souvent tout le jour ;

Car ils savent que je les aime,
Et que pour vivre j'ai, moi-même,
Fleur des amants, besoin d'amour.

IV

Je suis heureux partout ; ma vie
Est calme comme un jour d'été ;
Jamais la haine ni l'envie
N'en ont troublé la pureté.

Chaque aube, d'une aube suivie,
M'apporte, en sa sérénité,
Des bonheurs auxquels je convie
Tout ce qui croît à mon côté.

J'embaume de ma douce haleine
Les coteaux, les vallons, la plaine;
Et j'irais même — audacieux! —

Jusqu'à parfumer — sans mystère —
Les étoiles d'or, si la terre
N'était pas aussi loin des cieux!

LA GIROFLÉE DES MURAILLES

———

Manoirs dont le lichen recouvre les murailles ;
Vieilles tours d'où l'œil plonge à l'horizon vermeil ;
Toits brisés, murs croulants où luisent les écailles
Du lézard paresseux, qui se chauffe au soleil ;

Tombeaux ensevelis dans l'herbe et les broussailles,
Où l'on goûte un repos à nul autre pareil ;
Où l'homme, fatigué de ses vaines batailles
Contre le sort jaloux, dort son dernier sommeil !

Arches, donjons, portails où s'accroche le lierre;
Dont le temps, chaque jour, emporte quelque pierre,
Je vous aime d'amour! et si ma jaune fleur

Dans vos entrailles plonge, au printemps, ses racines,
C'est que, quand tout oublie, au milieu des ruines,
Seule elle se souvient, et survit au malheur!

LA LEGENDE DE LA PASSIFLORA

I

LA ROUTE DE JÉRUSALEM.

Six jours avant la Pâque — ainsi qu'il est écrit
En Saint Jean — l'homme-Dieu s'en vint à Béthanie,
Et s'arrêta, le soir, en la cité bénie,
Chez Simon le lépreux, — un juste au cœur contrit. —

Le jour suivant, alors que le Seigneur partit
Pour la ville, témoin de sa longue agonie,
Des hommes, des enfants, une foule infinie
L'accompagna criant: — « Gloire au fils de David ! » -

Les routes qu'il suivait étaient toutes couvertes
De branches d'oliviers, d'habits, de palmes vertes :
Et quand il aperçut, au loin, Jérusalem,

Une larme tomba, de sa paupière humide,
Sur des Passiflora qui, d'une voix timide,
Murmuraient : — « Béni soit l'enfant de Bethléem ! »

II

LA CÈNE.

Le premier des jours où — suivant l'antique loi —
Chez tout le peuple juif on mangeait les azymes.
Jésus s'assit à table, ayant autour de soi
Les douze, qui suivaient ses exemples sublimes.

Au milieu de la Cène — et Saint Marc en fait foi —
Aux Apôtres formés à ses saintes maximes,
Christ dit: « — L'un de vous doit me trahir ! » — « Est-ce moi
« Qui commettrai, Seigneur, le plus affreux des crimes ? »

Lui demanda Judas. « — C'est vous ! » — fit le Sauveur.
Le délateur sortit, et fut chez le Grand-Prêtre.
Or, comme par la ville il cheminait rêveur,

Une voix lui cria : « — Qu'il soit maudit le traître ! » —
Judas chercha dans l'ombre, et ne vit, sur un mur,
Qu'une humble Passiflore aux pétales d'azur.

III

LE JARDIN DES OLIVIERS.

Quand il eut célébré l'admirable mystère
De la Cène, Jésus prit alors le chemin
Du mont des Oliviers, et là, dans un jardin,
Il se retira seul pour y prier son Père.

Accablé sous le poids d'une douleur amère,
Celui qui, de l'enfer, sauva le genre humain
Se sentit défaillir, et, de son sang divin,
— Dit l'Apôtre Saint Luc, — il inonda la terre.

Quelques instants après, quand l'infâme Judas,
Accompagné de gens armés et de soldats,
Vint profaner Jésus de son baiser immonde.

Le sang n'existait plus sur le sol où pleura
L'Agneau qui, tous les jours, s'immole pour le monde :
Il avait été bu par des Passiflora !

IV

CONSUMMATUM EST.

Le lendemain, vers la neuvième heure du jour,
De ténèbres la terre était toute couverte ;
Le tonnerre grondait ; — dans la plaine déserte.
Les grands bœufs effrayés refusaient le labour.

Les arbres inclinaient, dans les bois d'alentour,
Vers le sol qui tremblait, leur chevelure verte ;
Les pierres se fendaient ; et, dans leur tombe ouverte,
Les justes rejoignaient leurs mains avec amour.

Des Juifs épouvantés la cohorte servile
Quittait le Golgotha pour regagner la ville,
Où Pilate errait seul, l'âme en proie au remord ;

Mais le long des chemins, sous les vieux sycomores,
Partout les meurtriers voyaient des Passiflores,
Qui leur criaient : — «Jésus est mort! Jésus est mort! »—

V

LA RÉSURRECTION.

Le dimanche suivant, Marie et Madeleine
— Dont les yeux ne pouvaient plus trouver le sommeil —
Pâles, le cœur brisé, l'âme de douleurs pleine,
S'en vinrent au Calvaire, au lever du soleil.

Ce jour-là, du printemps à l'odorante haleine,
La Nature semblait saluer le réveil ;
Les coteaux envoyaient des parfums à la plaine,
Le ciel était plus pur, l'horizon plus vermeil.

Les deux femmes allaient sans dire une parole,
Quand une Passiflore, entr'ouvrant sa corolle,
Leur murmura ces mots : — « Christ aux cieux est monté ! ».

Madeleine devint d'une pâleur livide
Et courut au tombeau. — Le sépulcre était vide.
Christ, vainqueur de la mort, était ressuscité !

VI

LE DIVIN JARDINIER.

Dans la tombe déserte étaient assis deux Anges,
Qui lui dirent : — « Pourquoi pleurez-vous donc encor ? » —
— « C'est qu'ils m'ont enlevé mon Seigneur, mon trésor ! »
Dit-elle aux envoyés des célestes phalanges.

— « Femme, séchez vos pleurs, et chantez ses louanges ; »
Fit une voix pareille à la voix du Thabor ;
« Pour les cieux il n'a point encor pris son essor,
» Et vous le reverrez. » — Ces paroles étranges

Émurent Madeleine ; elle leva les yeux :
Debout, à ses côtés, et le front radieux,
Était un jardinier qui lui dit : — « O Marie ! »

La sainte tressaillit à cette voix chérie,
Et s'écria : — « Jésus ! » — Mais Christ n'était plus là !
A sa place, elle vit une Passiflora !

VII

LA PASSIFLORA.

Écartant de son front ses longs cheveux flottants,
Madeleine-Marie, à cette heure enflammée
D'un pur et saint amour, prit la fleur parfumée,
Et d'un œil attentif la contempla longtemps.

Éclose le matin aux souffles inconstants
Des zéphyrs, cette fleur à la coupe embaumée
S'était, sous les regards de Jésus, transformée,
Et portait de sa mort les signes éclatants.

La lance, les trois clous, la couronne d'épines,
Que lui mirent au front des bourreaux aveuglés ;
Le fouet, qui déchira ses épaules divines,

Tous ces vils instruments étaient là, rassemblés ;
Et si bien reproduits que, dans la Passiflore,
Après mil neuf cents ans, on les retrouve encore !

L'HORTENSIA

I

Certe au parterre, où le Lys règne en paix.
Il croît en Juin bien des fleurs gracieuses,
Aux doux parfums, aux feuillages épais,
Aux vases peints de couleurs radieuses.

Il est au sein des bocages discrets,
Bien des beautés, vives ou sérieuses,
Dont les zéphyrs connaissent les attraits,
Les nuits d'été, les voix harmonieuses.

Les unes ont le teint blanc et vermeil ;
Les cheveux d'or, — comme ceux du soleil, —
Et l'œil plus bleu que le ciel des Espagnes ;

Sur leur front pur les autres ont, parfois,
Ces diamants qu'aux herbes des campagnes
Ont envié bien des filles de Rois !

II

Et cependant, l'œil cherche quelque chose
Dans les massifs où, moi, je ne suis pas.
La Balsamine, à la coupe mi-close,
A beau parler au Géranium tout bas ;

Vers le Souci, toujours triste et morose,
La Clématite a beau tendre les bras ;
Et l'Azalée interroger la Rose,
Qui du regard répond aux Syringas ;

S'ils ne voient point, dans les frais labyrinthes,
S'épanouir mes bouquets de fleurs peintes
De blanc, d'azur, de pourpre et de carmin ;

Les papillons, ainsi que les abeilles,
Disent qu'il manque un trésor aux corbeilles,
Un charme au parc, une reine au jardin !

LE MYRTE ET LE LAURIER

LE LAURIER.

Moi, j'aime les combats, les ardentes mêlées,
Le choc des cavaliers, la voix des canons sourds;
J'aime les sons vibrants des cloches ébranlées,
L'éclatante fanfare et le bruit des tambours.

LE MYRTE.

Moi, j'aime le profond silence des vallées,
L'onde qui réfléchit le ciel bleu dans son cours;
J'aime le bruit des flots dans les nuits étoilées,
Et les rumeurs des bois au déclin des beaux jours.

LE LAURIER.

Moi, j'aime les guerriers, les tribuns, les poètes !

LE MYRTE.

Moi, j'aime les rêveurs, les âmes inquiètes.

LE LAURIER.

Ma feuille ceint le front des héros.

LE MYRTE.

En retour,
C'est moi qui les fais grands dans l'immortelle histoire.

LE LAURIER.

Qu'est-ce donc que l'amour à côté de la gloire ?

LE MYRTE.

Qu'est-ce donc que la gloire à côté de l'amour ?

LA CHANSON DE LA VIGNE

Je suis vieille comme le monde,
Et jeune comme le printemps;
Le sang en mes veines abonde,
Et mes amoureux sont constants.

Pour voiler de ma gorge ronde
Les attraits toujours éclatants,
Comme Vénus, sortant de l'onde,
Je n'ai que mes cheveux flottants.

De mes longs bras j'étreins les pierres;
Je serpente autour des chaumières;
Je grimpe le long des ormeaux;

Et, mariant nos deux feuillages,
Nous formons, avec nos rameaux,
Pour les rêveurs de doux ombrages.

II

De mon sein, doucement pressé,
Un lait pourpre toujours ruisselle;
Il ranime le cœur glacé,
Il soutient le corps qui chancelle.

Par vos mains quand il est versé
Dans une coupe, — ô jeune belle! —
Il donne l'oubli du passé,
Il rend plus aimant, plus fidèle.

Quand on a bu de ce nectar,
On est Démosthènes, César,
Dante, Raphaël, Michel-Ange. .

*

Un homme à nul autre pareil.
Cousin germain de quelque archange,
Et proche parent du Soleil.

III

En quittant son arche, en Asie,
Noé, — déjà devenu vieux, —
Planta mon cep venu des cieux,
Et savoura mon ambroisie ;

Mais il mit tant de courtoisie
A fêter mon jus précieux,
Que d'un trouble mystérieux
Son âme fut bientôt saisie.

Vive Noé! partout chanté
Pour avoir, un beau jour, doté
Le monde de la liqueur saine

Qu'appréciait tant Lucullus,
Et qu'en riant le vieux Silène
Faisait boire au jeune Bacchus !

IV

J'aime les camps, le choc des armes,
Le bruit du clairon, du tambour ;
Je bannis les folles alarmes
Et je fais, de la nuit, le jour.

Tous les ans j'accueille, avec charmes,
Du printemps béni le retour :
S'il me voit répandre des larmes,
Ce ne sont que des pleurs d'amour.

J'aime en automne sous les treilles,
Où pendent mes grappes vermeilles,
A voir d'heureux couples assis ;

Des soldats, venant de la guerre,
Vider allègrement leur verre,
En contant de joyeux récits.

V

Ma divine liqueur conseille
Le pardon et la charité.
Chose rare ! plus elle est vieille,
Plus elle inspire la gaîté !

Blonde comme l'or, ou vermeille,
Elle aime la sincérité :
Ce n'est qu'au fond d'une bouteille
Que l'on trouve la vérité !

Elle a fait plus d'un grand poète ;
Tourné plus d'une noble tête ;
Guidé plus d'un vaillant soldat ;

Fait éclore plus d'une gloire ;
Mais jamais, — j'en ai la mémoire, —
Elle n'a fait un seul ingrat !

V

Au milieu de joyeux accords,
Narguant les discours d'un faux sage,
Buvez donc de ce doux breuvage,
Et buvez-en à larges bords.

Livrez-vous à vos gais transports,
Si la vie est un long voyage,
Pour mieux accomplir le passage,
Buvez de la liqueur des forts.

Sans chercher les fins ni les causes,
Entourés de Lys et de Roses,
Près de l'âtre, ou sous le ciel bleu,

A votre beauté brune ou blonde
Buvez ! — et puis laissez le monde
Tourner en paix, sous l'œil de Dieu !

L'HÉLIOTROPE

Ce n'est pas le zéphyr, dont l'haleine odorante
Est tiède du parfum des plantes d'alentour,
Ni les abeilles d'or, ni l'onde murmurante,
Que j'aime, moi, la fleur, dont Juin voit le retour.

Ce n'est pas la rosée en pleurs, la brise errante,
L'hirondelle qui chante au sommet de la tour,
Les papillons d'azur à l'aile transparente,
Que j'aime, moi, la fleur, qui ne vis que d'amour.

C'est vous, astre éclatant ; vous, lumière féconde ;
C'est vous, Roi de l'éther ; c'est vous, flambeau du monde,
Que j'adore en secret et dont je suis jaloux !

De vos feux embrasés ma corolle s'enivre ;
Et je vous aime tant, que je ne saurais vivre
Sans avoir, ô Soleil ! les yeux fixés sur vous !

LA CAPUCINE ET LE POIS DE SENTEUR

I

LE POIS DE SENTEUR.

L'ombre quitte les hauteurs ;
L'aube, à l'horizon d'opale,
Montre son visage pâle,
Humide encor de ses pleurs.

Des bois, couverts de vapeurs,
Un plus doux parfum s'exhale :
L'alouette matinale
Chante dans les blés en fleurs.

Le brin d'herbe au vent frissonne;
Dans l'air qui frémit, résonne
Un long cantique d'amour;

Tout luit, se meut — ô merveelle! —
Et la terre, enfin, s'éveille
Sous les frais baisers du jour!

II

LA CAPUCINE.

Oui, c'est le jour, c'est la vie!
La nuit dans les cieux s'endort.
L'étoile, à nos yeux ravie,
Ferme sa prunelle d'or.

Vers toi, qui l'as asservie,
Mon âme prend son essor.
Aimons-nous, — tout nous convie
A nous aimer, mon trésor!

Parle-moi, je veux entendre
De l'aube au soir ta voix tendre ;
Et sentir, le cœur charmé,

Sur mes corolles mi-closes,
Passer ton souffle embaumé
Comme le parfum des Roses !

III

LE POIS DE SENTEUR.

Mon amour, si tu pouvais voir
Comme elles sont grandes et belles,
Tes coupes d'où — quand il fait noir —
Sortent de vives étincelles !

LA CAPUCINE.

Les tiennes — doux rayon d'espoir —
Ont les riches couleurs des ailes
De ce papillon qui, le soir,
Poursuit sur l'eau les demoiselles

LE POIS DE SENTEUR.

Et pourtant, malgré la beauté
De mon calice velouté
Comme celui de la Glycine,

L'on me repousse avec dédain,
Ainsi que toi, ma Capucine,
Des parterres et du jardin !

IV

LA CAPUCINE.

Ah ! c'est qu'à la fenêtre obscure
Du pauvre, tous deux, sans efforts,
Nous fournissons, moi, ma verdure,
Toi, tes parfums et tes accords.

C'est que, sans borne et sans mesure,
Nous prodiguons, avec transports,
Au toit croulant de la masure,
Tous les deux, pour rien, nos trésors !

C'est qu'on nous voit de préférence
Orner les murs où la souffrance
Tient les malheureux en éveil ;

Et qu'il ne nous faut, pour éclore,
Rien qu'une larme de l'aurore,
Rien qu'un gai rayon de soleil !

L'HÉLIANTHE

I

Parce qu'au renouveau, Narcisses et Jonquilles,
Vous émaillez les prés de vos fraîches couleurs ;
Parce que sur vos fronts, Pâquerettes gentilles,
L'aube, sœur de la nuit, a versé ses pâleurs ;

Parce que, la première, au revers des charmilles,
Vous épanouissez, Primevère, vos fleurs ;
Et qu'avec les Bleuets, aimés des jeunes filles,
Vous causez tout le jour, ô Liserons jaseurs !

Parce que vous avez, vous, merveilleuses Roses,
D'enivrantes senteurs dans vos coupes mi-closes ;
Vous, Lys, une parure à faire envie aux Rois ;

Il vous sied mal vraiment, dans votre doux langage,
De rire de ma taille, et de railler, parfois,
Ma fleur, que le soleil a faite à son image !

II

Vous ne savez donc pas, pour parler de la sorte,
Combien il est rapide et court, votre destin ?
Au souffle de la brise ouvertes le matin,
Le soir un autre souffle en passant vous emporte !

Que vous sert, dites-moi, d'être belles ? Qu'importe
Que l'abeille en vos seins trouve un riche butin,
Que vos tuniques soient de gaze ou de satin ;
Un rayon trop ardent, Rose, et vous voilà morte !

L'aquilon qui vous brise, ô Lys, souvent m'endort;
Et quand vers l'astre-roi je tourne—fleurs sans nombre—
Les splendides rayons de mon grand disque d'or,

Je vous pourrais noyer sans peine dans mon ombre;
Moi, la fleur du soleil, que, sous un ciel de feu,
Tout un peuple, jadis, adorait comme un Dieu!

L'ÉGLANTINE

I

Sur les montagnes, les collines,
A l'ombre du bois parfumé,
Dans les sentiers, dans les ravines,
Dans le vallon de fleurs semé;

Comme les belles Aubépines,
Au cœur par l'amour enflammé,
J'ouvre mes coupes argentines
Aux rayons du soleil de mai.

Fraîche fille de la Nature,
Je n'ai pour unique parure,
Je n'ai pour unique beauté,

Moi, la cousine de la Rose,
Sur la terre rien autre chose
Que mon humble simplicité.

II

Une tunique, d'air tissée,
Couvre de ses plis onduleux
Ma blanche épaule caressée
Par les papillons verts et bleus.

Le soir, quand je m'endors, bercée
Par l'aile des vents amoureux,
Comme un voile de fiancée,
Dans l'air flottent mes blonds cheveux.

Ma voix sait la langue de l'âme ;
Elle est pure comme la flamme,
Douce comme un rayon de miel ;

Et mon souffle — fraîche ambroisie —
Fait naître au cœur la poésie,
Fleur qui, pour l'homme, croît au ciel !

LA SENSITIVE

Tièdes brises du soir, vents légers, doux zéphyr,
Bourdonnants moucherons, abeilles infidèles,
Libellules d'azur dont les soyeuses ailes
Faites d'air et de gaze ont l'éclat du saphir ;

Papillons qui passez votre vie à courir
De fleurs en fleurs, jamais n'en trouvant de rebelles ;
Et qui, pour vos amours, choisissant les plus belles,
A l'écart les laissez ensuite se flétrir ;

Si quand vous effleurez mon sensible feuillage
Qu'un souffle fait mouvoir, que contracte un nuage,
Qui frissonne sans cesse, est sans cesse agité,

Je ferme brusquement mes souples folioles,
C'est que je veux, zéphyrs, insectes, lucioles,
Conserver le trésor de ma virginité !

LA TUBÉREUSE

L'Orient, tout peuplé de splendides merveilles,
Me vit naître parmi les innombrables fleurs
De ses riants jardins, odorantes corbeilles,
Que la nuit embaumée arrose de ses pleurs !

Les Jasmins étoilés, qu'aiment tant les abeilles ;
Les Lys aux fronts couverts d'angéliques pâleurs ;
Les frivoles Œillets et les Roses vermeilles
Jalousent mes parfums et mes belles couleurs.

Du parterre c'est moi qui suis la souveraine !
Je charme tous les yeux, je fascine, j'entraîne,
Je séduis tous les cœurs, qu'éblouit ma beauté ;

J'enivre tous les sens ; j'allume, dans les âmes,
D'inextinguibles feux, de dévorantes flammes ;
Car, fille du désir, je suis la Volupté !

LA CHANSON DU BUISSON

I

Cheveux au vent, sans mantilles,
Les jours d'été, quand, parfois,
Vous allez chercher, au bois,
Des Bleuets et des Jonquilles ;

Ne craignez pas, jeunes filles,
Dont l'écho connaît la voix,
D'ensanglanter vos beaux doigts
A mes brûlantes aiguilles..

Sans peur, le long des chemins,
Moissonnez, à pleines mains,
Mes couronnes d'Églantines :

Quand les yeux n'ont pas de pleurs,
Roses ou blanches, les fleurs,
Mes enfants, n'ont point d'épines.

II

Sous mes rameaux étoilés,
Passants, voyageurs, poètes,
Venez reposer vos têtes
Et vos membres accablés.

J'ai de frais abris voilés
Pour les âmes inquiètes ;
J'ai de paisibles retraites
Pour les amants désolés !

J'ai des tentes de feuillages,
De mystérieux ombrages,
Et je connais les chansons

Qu'aux pâles aubes nouvelles
Chantent, en lustrant leurs ailes,
Les merles et les pinsons.

III

De mon haleine embaumée,
— Moi qui brave les hivers, —
Comme la Rose enflammée,
Je puis parfumer les airs;

Car si ma main est armée,
Au printemps, d'aiguillons verts,
De fleurs ma robe est semée,
De fleurs mes bras sont couverts.

Sur mes feuilles, où se pose,
Près de l'Églantine rose,
Le papillon par moments,

La nuit, dont j'aime les charmes,
En silence met des larmes,
Le soleil, des diamants.

IV

En avril, sous mes ramures,
J'accueille les passereaux;
Mes dards leur servent d'armures,
Mes branchages de berceaux.

J'ai de suaves murmures
Comme l'onde et les roseaux :
Et je nourris de mes mûres
Les enfants et les oiseaux.

Seul, peut-être, sur la terre,
Je connais le grand mystère
De la Nature et de Dieu;

Car je l'ai vu dans l'espace,
Et j'ai senti sur ma face
Passer son souffle de feu.

LE SOUCI DES CHAMPS

―

Soit que le frais printemps ait, d'une robe verte,
Voilé le sein des prés et le flanc des coteaux ;
Soit que d'un blanc linceul la terre recouverte
Sous de larges glaçons emprisonne les eaux :

Dans les champs où la vigne agile, souple, alerte,
Suspend ses bras lascifs aux branches des ormeaux,
Vous trouverez toujours ma jaune fleur ouverte,
Passant, pour en joncher la pierre des tombeaux !

Des peines, des chagrins mélancolique emblème.
Je sais depuis longtemps — moi que personne n'aime —
Que le bonheur n'a pas les cités pour séjour ;

Voilà pourquoi, fuyant et le monde et ses fanges,
Je vis seul, les regards fixés avec amour
Sur le soleil, flambeau du ciel, où sont les anges !

LE LIERRE

I

Pour étoiler, dans leur sommeil,
Les grands arbres tout noirs encore.
Vous attendez qu'Avril les dore,
Bourgeons, d'un rayon de soleil.

Pour embaumer, à leur réveil,
Les bois où l'on vous voit éclore,
Muguets, vous attendez l'aurore,
L'aurore du printemps vermeil.

Moi, quand de neige elles sont blanches,
Je pare de feuilles les branches
De l'arbre qui m'offre un appui;

Je partage ses destinées;
Et quand sous le poids des années
Il tombe — je tombe avec lui!

II

Je sais de la Nature entière
Les mystères et les secrets;
Ce que la brise familière
Murmure aux arbres des forêts;

Ce qu'au jardin du cimetière
— Où tant de mensongers regrets
Sont gravés sur la froide pierre —
Les morts racontent aux cyprès.

Je sais d'où viennent les tonnerres,
Qui brisent les fronts centenaires
Des grands chênes aux troncs rugueux;

Et la langue, à l'homme inconnue,
Que le flot d'azur et la nue,
Pendant la nuit, parlent entre eux!

III

J'étais, à l'enfance du monde,
Dans le terrestre Paradis;
J'entourais la plante féconde,
Aux rameaux en dôme arrondis,

Où, pour séduire Ève la blonde,
Le serpent, aux regards hardis,
Un jour glissa sa tête immonde,
Enroula ses anneaux maudits.

Chez tous les peuples, les poètes
M'ont chanté! — L'Égypte, en ses fêtes,
Me rendit un culte divin;

Et j'ornais, comme les Acanthes,
En Grèce, le front des Bacchantes,
Et les thyrses du Dieu du vin.

IV

Je couvre, de mes longs rameaux,
Les rochers, les marbres, les pierres;
Les noirs cyprès, les blancs bouleaux,
Les saules bordant les rivières.

Mais j'aime surtout les ormeaux,
Les chênes aux cimes altières,
Les hêtres — leurs frères jumeaux —
Et l'if qui croît aux cimetières.

De mes feuillages toujours verts
J'égaie, au milieu des hivers,
Les murs, où le lézard se cache ;

Je donne aux ruines, des fleurs ;
Aux oiseaux, des fruits ; et je meurs,
Ami fidèle, où je m'attache.

LA CIGUË

I

O ma mère! O Nature, en merveilles féconde!
Toi qui sèmes, en mai, sur les monts, dans les prés,
Plus de charmantes fleurs que les cieux azurés
N'ont d'étoiles; Nature où tout vient, tout abonde!

Toi qui, sans te lasser, fais, pour nourrir le Monde,
Germer, chaque printemps, dans les champs diaprés
De Bleuets délicats et de Pavots pourprés,
Les épis, dont Juillet courbe la tige blonde;

Pourquoi, quand vous aviez les grands bois, les oiseaux,
Les Roses, les Lotus s'ouvrant au sein des eaux,
Les arbres balançant dans les airs leurs ramures,

Les insectes dorés, les Mousses, les Gazons,
Les forêts pleines d'ombre et de vagues murmures,
M'avoir créée, hélas ! pour porter des poisons ?

II

Oh ! maudit soit le jour, et maudite soit l'heure,
Où l'homme, par la honte et les chagrins pâli,
Dans mon urne, qu'à peine au soir le vent effleure,
Est venu boire, hélas ! le sommeil et l'oubli !

Jusque-là j'ignorais — quand j'y songe, je pleure ! —
Que de sucs meurtriers mon sein pur fût rempli ;
Et comme les Muguets, dans ma fraîche demeure,
Aux baisers du soleil j'offrais mon front poli.

Mais quand pour mettre à mort ceux que l'Aréopage
Avait jugés, Athène eut prescrit mon breuvage,
Mes livides rameaux inspirèrent l'horreur ;

Et les mères, fuyant ma foliole aiguë,
A leurs anges aimés dirent avec terreur :
— « Ne vous approchez pas, enfants, de la Ciguë ! »

III

Cependant, comme moi, les Daturas si fiers
De leurs cloches d'argent, et les beaux Lauriers-roses,
Nés aux lieux où jamais n'arrivent les hivers,
Ont aussi des poisons dans leurs coupes mi-closes.

Mais de feuilles les uns sont toujours recouverts ;
Et les autres, féconds dans leurs métamorphoses,
Sous de brillants dehors cachant des cœurs pervers,
De leur mate pâleur font oublier les causes.

Ils ont place au jardin; les amants, vers le soir,
Aspirent leurs parfums, près d'eux viennent s'asseoir,
Les admirent... et moi, parmi de vils décombres,

Dans les arides champs, les buissons épineux,
Il me faut rester seule à voir passer les ombres
De tous ceux qu'ont tués mes philtres vénéneux!

IV

A ce supplice affreux mets un terme, ô Cybèle!
Comme aux Lys donne-moi de splendides atours :
Des tuniques de gaze ou de fine dentelle;
Des manteaux de satin, des robes de velours.

Fière de ma parure, heureuse d'être belle,
Dans le calme et l'oubli je passerai mes jours;
Et les frais papillons baiseront mon ombelle,
Pendant que les zéphyrs me diront leurs amours.

Ou si tu ne veux pas de chatoyante moire
Me revêtir ; eh bien ! verse-moi des parfums
De miel et d'ambroisie ; et ceins mon front d'ivoire

De ces perles qu'en Juin la Nuit, aux cheveux bruns,
Enroule en fins colliers pour ses fleurs favorites,
Et que l'on trouve, à l'aube, au front des Marguerites.

L'ARGENTINE ET LE BOUTON D'OR

I

LE BOUTON D'OR.

Argentine, Argentine,
Mon amante, ma sœur!
Quelle est donc la douleur
Qui gonfle ta poitrine?

Toi qui de l'Aubépine
As la fraîche pâleur;
Naïve et pure fleur,
Beauté chaste et divine;

Étoile du gazon,
Toi que chaque saison
Pare de nouveaux charmes;

Pourquoi ton œil est-il
Mouillé de douces larmes
Par ces beaux jours d'Avril ?

I

L'ARGENTINE.

J'ai souffert le martyre,
Pendant ton long sommeil;
Pour te voir me sourire,
J'épiais ton réveil!

Ah! pour que je t'admire,
Penche ton front vermeil,
Plus frais que le zéphire
Plus doux que le soleil!

Tourne vers mes prunelles
Tes yeux pleins d'étincelles,
Pour que je voie encor,

Dans les champs où tout brille,
Ton regard qui scintille
Comme une étoile d'or.

LE BOUTON D'OR.

Comme la brise folle,
Qui te peut approcher,
Si, sur ton auréole,
Je me pouvais pencher !

L'ARGENTINE.

Comme la luciole
Las ! qui te peut toucher :
Si, moi, dans ta corolle
Je me pouvais cacher !

TOUS DEUX.

Oh ! quand Mai nous rassemble,
Pour nous enfuir ensemble,
Dans l'air plein de rayons,

Comme les demoiselles,
Ou les beaux papillons,
Que n'avons-nous des ailes ?

LA FLEUR DE L'ORANGER

―――

Aux pays où le ciel est toujours de saphir,
L'arbuste qui me porte étale, — chose étrange! —
Sur les mêmes rameaux, que baise le zéphyr,
Des fleurs et des fruits d'or — féerique mélange.

Blanche comme un reflet de la perle d'Ophir,
Sur mon feuillage vert, que d'opale elle frange,
Mon urne — nuit et jour — sans jamais se tarir,
Verse un baume plus frais que le souffle d'un ange.

Plus heureuse cent fois que mes sœurs, dont les prés
Au retour du printemps vermeil sont diaprés,
Moi, je ne tombe pas au tranchant des faucilles :

Mais par l'Amour cueillie, aux jours de mon été,
Je meurs sur le sein pur des belles jeunes filles,
En mêlant mes parfums à leur virginité !

CHOEUR DE FLEURS ET D'ÉTOILES

I

LES FLEURS.

Dans l'immense infini des plaines éthérées,
Étoiles d'or, soleils des nuits, que faites-vous?
Que faites-vous, là-haut, dans vos sphères sacrées,
Astres dont les rayons sont si purs et si doux?

Comme nous vivons d'air dans nos plaines, dorées
Par les feux du soleil, votre immortel époux;
Vivez-vous donc de flamme, aux voûtes azurées,
Ou n'êtes-vous, enfin, que des fleurs comme nous?

Avez-vous, dans vos cieux, des soupirs, des murmures,
Des brises, des zéphyrs, des chants, des ondes pures,
Les clartés de nos jours, les splendeurs de nos soirs;

Et vos vases d'argent, ruisselants d'étincelles,
Sont-ils remplis, l'été, de senteurs comme celles
Qu'exhalent, dans les airs, nos chastes encensoirs?

II

LES ÉTOILES.

Germez, naissez, croissez dans vos bois, dans vos plaines,
Sur vos monts inondés d'ombres et de rayons;
Mêlez-vous aux épis, mirez-vous aux fontaines:
Émaillez les prés verts, embaumez les sillons;

Confiez vos aveux aux pâles nuits sereines:
Enivrez-vous d'amour avec vos papillons;
Mais ne cherchez jamais à savoir, belles reines,
Pourquoi, dans l'infini des cieux, nous scintillons!

Du Dieu qui nous créa, mes sœurs, c'est le mystère.
Croissez donc, brillez donc — étoiles de la terre ;
Et parfumez, en paix, votre globe enchanté,

Qui, guidé par nos feux, du couchant à l'aurore,
Comme un esquif léger sur la vague sonore,
Vogue au sein de l'espace et de l'immensité !

LES FLEURS DES PRÉS

A DES ENFANTS

I

Les soirs de ces jours étouffants,
Où tout semble en feu sur la terre;
Quand, bondissant comme des faons,
Vous poursuivez — douce chimère! —

A travers les prés, chers enfants,
Quelque papillon éphémère,
Et revenez, tout triomphants,
L'insecte en main, vers votre mère;

Prenez garde, anges aux doux yeux,
Au rire si franc, si joyeux,
Aux longs cheveux, aux lèvres roses.

De briser, dans vos gais ébats,
Les fleurs qui, sous la brise écloses,
Dans les herbes parlent tout bas.

II

Plus tard, toutes ces belles filles
De la rosée et du soleil ;
Les Pervenches et les Jonquilles,
Les Sainfoins toujours en éveil :

Les Anémones si gentilles,
Surtout pendant leur doux sommeil,
Vous diront auprès des charmilles,
Vous diront dans le pré vermeil,

Sur les monts, au creux des ravines,
Où, pleins d'émotions divines,
Vous laisserez errer vos pas,

Des mots mystérieux, étranges,
Qu'aujourd'hui vous ne pourriez pas
Comprendre, mes chers petits anges !

III

Car, sachez-le, toutes les fleurs
Ont une âme dans leurs calices :
Elles éprouvent nos supplices,
Elles ressentent nos douleurs.

Sur leurs fronts on voit nos pâleurs ;
Ne sachant rien de nos malices,
Elles aiment avec délices,
Et leurs yeux connaissent les pleurs.

Toutes, sur la terre où nous sommes,
Ont à remplir, auprès des hommes,
Une touchante mission ;

Depuis le plus mince brin d'herbe,
Que le ciron trouve superbe,
Jusques au beau Lys de Sion !

IV

Celle qui, là-bas, en silence,
Tourne vers le ciel son œil noir ;
Et, dans l'air parfumé du soir,
Triste et plaintive se balance,

C'est la Scabieuse. Elle pense
Qu'elle ne doit jamais revoir
Celui qui faisait son espoir,
Celui qui faisait sa croyance

Elle pleure, au déclin du jour,
Son cher trésor, son seul amour;
Et vit morne, seule, isolée,

Implorant toujours le trépas :
Car cette veuve ne veut pas,
Ne veut pas être consolée !

V

Celle qui croît à son côté,
C'est la fraîche et pure Argentine :
Le Bouton d'or, qui la lutine,
L'aime pour sa naïveté.

Cette autre, au feuillage agité,
Qui cause avec l'Elléborine,
Voyez! c'est la Brize mutine,
Miroir de la frivolité.

Puis voici la Mauve rougeâtre;
La Marguerite au sein d'albâtre;
La Sauge; le Bleuet; voici

Les Liserons dont la clochette
Recueille, la nuit, en cachette,
Les plaintes du jaune Souci.

VI

Plus loin, dans sa rouge tunique,
Se drape, fière de ses feux,
Cette Verveine prophétique
Qui protège les amoureux.

Celle-ci, c'est la Véronique,
La Véronique aux épis bleus;
Elle porte le nom mystique
De cette femme aux blonds cheveux,

Qui s'en vint, pâle et solitaire,
Sur l'âpre route du Calvaire,
Malgré les murmures confus

D'une horde féroce, infâme,
Essuyer — la douleur dans l'âme —
L'auguste face de Jésus !

VII

Toutes ces charmantes fleurettes
Ont, à l'aube, de fins colliers
De diamants, et des aigrettes
Comme les anciens chevaliers.

Toutes, de leurs peines secrètes,
Disent, en termes familiers,
La cause aux étoiles discrètes,
Qui brillent aux cieux par milliers.

Toutes, dans leurs fraîches corolles,
Ont de consolantes paroles
Pour ceux qui de vivre sont las ;

Toutes chérissent le mystère ;
Ce sont les anges de la terre :
Chers enfants, ne les brisez pas !

NOTES

NOTES

LE MYOSOTIS

Page 49.

« J'aime les étangs, et j'habite
» Partout où l'eau se creuse un lit. »

Cette fleur, qui se montre dès le printemps, et se succède pendant tout l'été, croît surtout au bord des rivières, des lacs, des ruisseaux, des étangs. — Dans plusieurs contrées on la nomme : « *Souvenez-vous de moi.* » — Dans d'autres : « *Ne m'oubliez pas!* » ou encore : « *Plus je vous vois, plus je vous aime.* » —Elle est connue en Allemagne sous le nom de : « *Vergiss mein nicht;* » — en Italie, sous celui de : « *Non ti scordar di me,* » et en Angleterre sous celui de : « *Forget me not.* » Chez les anciens, le Myosotis eût été le sujet d'une touchante métamorphose, moins touchante peut-être que la vérité. Tout le monde connaît le souvenir poétique et douloureux qui se rattache à cette fleur.

Un soir, dit M. Aimé Martin, sur les bords du Danube aux flots clairs, erraient à l'aventure deux jeunes amants à la veille de s'unir. Une fleur d'un bleu céleste se balançait sur les vagues, qui semblaient prêtes à l'entraîner. La jeune fille admirait son éclat et plaignait sa destinée. Sans proférer une parole, l'amant se précipite aussitôt dans l'onde courante, saisit la tige fleurie, et disparaît sous les flots. On dit que par un dernier effort il jeta cette fleur sur le rivage, et qu'au moment de disparaître pour jamais, il s'écriait encore : « *Aimez-moi, ne m'oubliez pas!* »

L'ANÉMONE DES PRÉS

Page 53.

« J'étais Nymphe, quand Zéphire
» Osa me parler d'amour.... »

La Mythologie prétend qu'Anémone fut une nymphe aimée de Zéphire. — Flore, dans un moment de jalousie, la bannit de sa cour, et la métamorphosa en fleur.

L'Anémone s'épanouit avant le retour du printemps et ne dure qu'un jour.

LE JASMIN

Page 64.

IV

« . . . .
» Ces fils — aériens réseaux —
» Que tressent des mains virginales,
» Que filent de divins fuseaux. »

Les fils de la Vierge.

LA LÉGENDE DE L'ÉPI DE LA VIERGE

Page 74.

III

« . . . . des fleurs
» Aux pétales plus blancs que la cire d'un cierge,
» Et qu'on nomme aujourd'hui les épis de la Vierge. »

Les fleurs de l'*Ornithogalum pyramidale* sont d'un blanc

de lait, et disposées en un bel épi conique. On ne trouve cette plante que dans les contrées les plus chaudes de l'Europe. Son élégance l'a fait admettre cependant dans quelques jardins. Elle est connue sous les noms d'*Épi de lait*, et d'*Épi de la Vierge*.

CHŒUR DE RENONCULES

Page 80.

I

« . . . .
» Sur les monts aux fronts superbes,
» Au sein des eaux, dans les herbes. . . »

Les Renoncules sont, on le sait, répandues à profusion dans les prés, les champs et les bois. Elles croissent également au sein des eaux, et sur les plus hautes montagnes des Alpes et des Pyrénées.

Page 81.

II

« A la Rose qu'on admire,
» Nous laissons, avec la myrrhe,
» L'encens, le baume et le miel;

» Ayant bien assez pour plaire,
» Quand le soleil nous éclaire,
» Des couleurs de l'arc-en-ciel. »

On compte plus de cinq cents variétés de Renoncules, qui réunissent toutes les nuances et toutes les couleurs connues, sauf le bleu. Aucune plante n'offre des variétés aussi piquantes. La Renoncule asiatique est une des plus belles fleurs qu'on puisse voir.

LA BELLE DE NUIT

Page 84.

« . . . .
» Je recueille. . . . .
» Dans mon urne fermée aux rayons de l'aurore,
» Les larmes de la nuit, pour les offrir à Dieu ! »

Originaire du Pérou, la *Mirabilis*, connue vulgairement sous le nom de Belle de Nuit, ne s'ouvre qu'au coucher du soleil, pour se fermer à son lever. Le phénomène de l'épanouissement de cette fleur au moment où disparaît l'astre du jour, tient, d'après Linné, à ce que cette plante, née dans un hémisphère opposé au nôtre, — où le jour existe lorsque nous avons la nuit, — conserve chez nous la faculté de s'ouvrir à la même heure du jour, qui arrive pour nous à l'entrée de la nuit. Cette explication pourrait s'appliquer aussi à plusieurs autres plantes exotiques, ainsi qu'à celles qui, dans nos serres, fleurissent pendant l'hiver, saison qui correspond à l'été de l'hémisphère austral.

LE NYMPHÉA BLANC

Page 89.

1

« Roi des lacs azurés et des ondes dormantes,
» Chaque jour, en été, sur les limpides eaux,
» . . . .
» J'ouvre ma large feuille et mes fleurs odorantes. »

Le Nymphéa blanc, qu'on nomme, suivant les contrées, *Nénuphar*, *Lys d'étang*, *Blanc d'eau*, *Plateau d'eau*, etc., offre le même phénomène que l'*Hydrocharis*. Il se ferme à la fin du jour, rentre dans l'eau, et ne reparaît qu'au lever du soleil. Nous ne possédons en Europe que deux espèces de Nénuphars : le jaune et le blanc. On cultive dans plusieurs jardins de botanique quelques autres espèces de Nénuphars, telles que le *Nénuphar-lotos* (*Nymphœa-lotus*), et le *Nénuphar à fleurs bleues* (*Nymphœa-cærulea*). Les Égyptiens avaient consacré au soleil, — dieu de l'éloquence, — les fleurs du *Nymphœa-lotus*.

II

« Tout s'anime sur l'onde, à mon joyeux réveil.
» La belle Sagittaire, aux tiges vigoureuses,
» Dirige, en rougissant, ses flèches amoureuses
» Sur mon large ciboire au sein des Lys pareil. »

Les feuilles de la Sagittaire (*Sagittœfolia* ou *Flèche d'eau*) ressemblent à des flèches, et ses racines atteignent plusieurs pieds de longueur.

« Et la fière Aroïde, aux pétales rosés..... »

Les Aroïdes (*Aroideœ*) sont de magnifiques plantes vivaces, qui croissent dans l'eau. Au milieu de leurs feuilles, souvent diaprées du plus beau pourpre, se déroule, sur une hampe élancée, une spathe enveloppant une colonne florifère à laquelle succède une grappe de baies colorées du plus beau vermillon.

III

« Dans ma coupe d'argent où l'insecte s'endort.... »

Le *Leptaris aquatica*, le *Stencore doré*, l'*Aphis nymphœœ*, le *Phalœna nymphœata*, et plusieurs autres insectes vivent sur le Nénuphar.

LE NARCISSE

Page 95.

« . . . .
» Qu'on n'en voit sur mon front nimbé d'or, où tu mets
» Plus de perles, ô Nuit! qu'Écho ne mit de larmes! »

Le Narcisse des poètes, qui répand une si douce odeur,

porte une couronne d'or au centre d'une large fleur toujours blanche comme l'ivoire. Les anciens rapportaient à cette plante la fable de Narcisse qui méprisa la Nymphe Écho, dont l'âme gémit encore dans les lieux écartés où, tant de fois, elle suivit l'ingrat berger qui ne put l'aimer !

LA CHANSON DE LA MOUSSE

Page 97.

I

« Du saint amour maternel,
» Moi je suis le pur emblème.... »

Dans le langage des fleurs, la Mousse est le symbole de l'amour maternel.

II

« L'hiver, quand tout paraît mort,
» . . . .
» Ma touffe embaumée abonde
» Dans les forêts, où tout dort. »

Quelques espèces de Mousses ont l'odeur de la vanille ; c'est en hiver qu'elles offrent aux yeux du botaniste leur vert d'émeraude, leurs noces secrètes, et les mystères des urnes qui renferment leur postérité.

III

« C'est moi que la pauvre mère
» Place dans l'humble berceau..... »

Dans les pays froids, les mères garnissent de Mousses les berceaux de leurs petits enfants.

« Moi, qui réjouis la terre,
» Lorsque vient le renouveau... . »

Les Mousses qui embellissent la nature, au moment où les

fleurs ont disparu, rendent encore à nos campagnes un air de jeunesse et de fraîcheur, quand revient le printemps. Elles s'étendent dans les marécages, les transforment en riantes prairies, et couvrent, de leur propre substance, les terrains arides, qu'elles changent, peu à peu, en terres fécondes.

IV

« Dans les pays où la neige
» Couvre six mois les gazons..... »

Aux confins du monde, la nature enveloppe de Mousses tout ce qui végète et tout ce qui respire, comme d'une toison végétale propre à préserver ses enfants malheureux.

LA PENSÉE

Page 107.

II

« J'ai dérobé la foudre au nuage vermeil ;
» J'ai d'un cercle de fer environné la terre ;
» Et, nageant dans l'azur, quelque jour, sans mystère,
» Avec l'homme de près j'irai voir le soleil ! »

Allusion à l'invention du paratonnerre, des chemins de fer, et à la découverte des aérostats, que le génie de l'homme finira par guider un jour dans les plaines de l'air.

CHŒUR DE PAVOTS

Page 119.

II

« Dans nos veines, coule à flots la liqueur
» Chère aux Musulmans, fils de la paresse.... »

La capsule du Pavot contient un suc résineux connu sous

le nom d'*opium*. Prise à une dose modérée, cette substance exalte au plus haut degré toutes les facultés intellectuelles.

III

« Soit que nous poussions dans un champ sauvage..... »

Le Pavot pousse un peu partout. Dans les champs on en trouve plusieurs espèces à l'état sauvage, telles que le Pavot hybride et le Coquelicot. Dans les jardins il est cultivé comme plante d'ornement, et revêt de splendides couleurs. Il serait sans rival, s'il avait la durée et le parfum de la rose.

« . . . .
» De son pied vainqueur, hélas! nous écrase;
» Ou, d'un fer brutal perçant notre sein,
» Nous donne la mort pour avoir l'extase! »

Aussitôt que les têtes de Pavots paraissent, on y fait une légère incision, et il en découle quelques gouttes d'une liqueur laiteuse, qu'on laisse figer et qu'on recueille ensuite ; c'est ce qui forme l'opium. On l'obtient aussi par la contusion et l'expression de ces mêmes têtes.

LA TULIPE

Page 131.

« Mon pays est Stamboul......... »

La Tulipe, dont le nom paraît venir du turc, et signifier turban, par allusion à la forme de la fleur, est originaire de l'Asie. Ignorée de l'Europe pendant une longue suite de siècles, ce ne fut qu'en 1559 qu'elle y a été transportée de Constantinople, autrefois Stamboul. Gessner, le premier, nous en a donné la description et la figure. Cette fleur est très estimée des Turcs, qui célèbrent chaque année, au printemps, une fête sous le nom de *Fête des tulipes*. On sait l'influence que la *tulipomanie* exerça en Hollande, de 1644 à 1660.

L'espèce la plus précieuse alors était celle qu'on nommait *Semper augustus*. On l'évaluait à six mille florins.

LA VERVEINE
Page 137.

I

« Ma tige aux angles durs et mes fleurs purpurines
» Se plaisent sur les flancs des arides collines..... »

Il n'est point ici question des Verveines exotiques qu'on trouve dans tous les jardins, mais bien de la *Verbena officinalis*, qui fleurit tout l'été le long des haies, dans les champs, sur le bord des chemins, dans les terrains incultes et sur les collines arides. Un feuillage d'un vert sombre, des tiges dures et un peu rudes sur leurs angles, des rameaux presque nus, de petites fleurs purpurines disposées en longs épis grêles : tels sont les caractères distinctifs de cette plante, qui n'a rien de commun avec la *Verbena supina*, la *Verbena triphylla* et quelques autres espèces de Verveines qu'on cultive comme plantes d'ornement.

II

« Fleur des enchantements, chez les Grecs, autrefois,
» Dans les jeux de l'Amour je donnais la victoire,
» A ceux qui m'imploraient en unissant leur voix
« Aux sons mélodieux de la lyre d'ivoire. »

Les Grecs nommaient la Verveine : *Herbe sacrée*. Cette plante servait, chez les anciens, à diverses sortes de divinations. Elle avait la vertu d'allumer les feux de l'amour, de resserrer les nœuds de l'amitié et de dissiper les haines. On s'en servait pour purifier les autels de Jupiter et les orner pendant les sacrifices.

« A Rome, des maisons l'on chassait les esprits
» En versant l'eau lustrale à l'aide de mes branches. »

On aspergeait à Rome l'eau lustrale avec des Verveines pour chasser des maisons les malins esprits, et l'on en formait des couronnes pour les hérauts d'armes.

III

« . . . . Les Druides austères,
» . . . .
» Avant de me cueillir . . . .
» . . . . immolaient, sans regrets,
» Des captifs à leurs Dieux dans les bois solitaires. »

Les druides, chez les Gaulois, avaient, pour la Verveine, presque autant de vénération que pour le gui sacré. Avant de cueillir cette plante, ces terribles Samothées, armés de faucilles d'or, vêtus de robes blanches, le front ceint de bandeaux étoilés, et portant un sceptre surmonté du croissant des prêtres de l'antique Héliopolis, offraient un sacrifice d'expiation à la Terre, et immolaient des captifs en l'honneur d'Esus et de Teutatès.

IV

« Mais vint le moyen âge. . . . . »

Oubliée pendant plusieurs siècles, la Verveine reprit son prestige au moyen âge. Les magiciens la firent entrer dans leurs enchantements, dans les mystères de la cabale, dans les prétendus sortilèges de cette époque d'ignorance et de barbarie. Les alchimistes eux-mêmes eurent recours à cette herbe sacrée, à laquelle ils accordaient de très grandes vertus.

V

« . . . .
» Seule, je suis restée. . . . .
» Ce que j'étais jadis, l'herbe aux enchantements ! »

Dans plusieurs contrées d'Allemagne, on donne encore, de nos jours, un chapeau de Verveine aux nouvelles mariées, comme pour les mettre sous la protection de Vénus. Dans le nord de nos provinces, les bergers recueillent cette plante avec des cérémonies connues d'eux seuls ; ils en expriment le suc à certaines phases de la lune, et se servent de ce philtre pour jeter des sorts sur les troupeaux et sur le cœur des jeunes filles.

LA BELLE DE JOUR

Page 143.
« Les frelons que le Thym méprise..... »

Le Thym était regardé par les Grecs comme le symbole de l'activité, et le frelon comme l'emblème de la paresse.

LE DATURA

Page 151.
« . . . . Tu n'as, — hypocrite et perfide, —
» Que des charmes trompeurs et des poisons amers ! »

Originaire des Indes, cette plante produit un effet magique, par la grandeur et la blancheur éclatante de ses fleurs pendantes, qui exhalent une odeur très suave, mais qu'il serait dangereux de respirer trop longtemps. Le fruit du Datura est une capsule qui fournit le *stramoine*, un des plus puissants et des plus dangereux narcotiques qu'on connaisse.

LA LÉGENDE DE LA ROSE DE GUELDRE

Page 155.

Connue vulgairement sous le nom de *Boule-de-neige*, la Rose de Gueldre, qui doit son appellation à la province de Gueldre, où elle a été observée pour la première fois, est une des premières fleurs du printemps. Elle dure peu, et ses fleurs, frappées de stérilité, sont d'une blancheur éblouissante. La légende qui se rattache à cette plante est très répandue dans la Suisse allemande.

LE CACTUS

Page 159.

« Il me faut, pour fleurir à l'aise, un sol aride ;
» Les rayons éclatants de la zone torride..... »

Les Cactus sont originaires des régions tropicales de l'Amérique et de l'Afrique. Ces plantes aiment un sol aride et élevé. On cultive dans nos serres, comme plante d'ornement, le *Cactus grandiflorus*, à cause de ses grandes et belles fleurs rouges.

CHOEUR DE CAMPANULES

Page 161.

I

« C'est nous qui, sur les montagnes...

Les Campanules, de *campanula* (clochette), se trouvent à une grande hauteur sur les montagnes des Pyrénées, de France et d'Italie, ainsi que dans les lieux pierreux, les bois, es plaines, les champs et le long des haies.

La Campanule pyramidale, la Campanule à carillon et la Campanule élégante sont cultivées dans les jardins, où elles produisent le plus bel effet.

II

« Dans nos coupes, dont les feux
» Sont ceux du saphir, ou ceux
» Des perles, que mûrit l'onde. ..

Les fleurs des Campanules sont bleues, et quelquefois blanches. Elles se font remarquer par leur forme, leur grandeur, leur nombre et la variété de leurs couleurs.

IV

« Près de nos épis, humides. . . . . . . »

On sait que les Campanules sont disposées en épi, en bouquets et en panicules.

LA CLÉMATITE ET LE LISERON

Page 173.

« . .   .   .   .   . Du moins, dans mon calice,
» . . . .
» Je n'ai pas, comme vous, moi, de liqueur amère. »

Les mendiants se servent souvent des feuilles âcres et brûlantes de la Clématite pour faire paraître, sur leur peau, des ulcères factices, sans profondeur, que l'on guérit facilement.

LE GÉRANIUM TRISTE

Page 175.

III

« . . . .
» Près de mes tristes rameaux. »

Le Géranium triste, dont l'emblème est : *Esprit mélancolique*, ne s'ouvre que le soir. Sa parure est sombre, mais il exhale pendant la nuit de délicieux parfums.

LE DAHLIA

Page 179.

« Car je n'ai pas de miel dans mon double calice... »

Originaire du Mexique, le Dahlia est certainement l'une des plus belles fleurs qu'on connaisse. Son calice est double, mais il ne contient malheureusement aucun parfum.

L'ASTER ET L'ÉTOILE

Page 181.

II

« Étoile du jardin, ma sœur..... »

L'Aster, désigné vulgairement sous le nom de : *Reine-Marguerite*, mérite vraiment, par sa beauté, d'être comparé à une étoile. C'est une de nos plus splendides fleurs d'automne. Les espèces sont très nombreuses. Parmi les principales on remarque l'*Aster amellus*, à disque jaune couronné de rayons d'un beau bleu, et l'*Aster de Chine*, qu'on trouve dans tous les jardins, et dont les fleurs rayonnent comme des astres.

CHŒUR D'IRIS

Page 187.

II

« Que nos couleurs éclatantes
» Dans l'air brillent, flamboyantes... . »

Les Iris comptent un grand nombre de variétés. L'*Iris germanica*, qui croît par touffes aux lieux incultes, sur les toits de chaume, est une des plus belles espèces connues. L'Iris de Florence pousse sur les rochers et sur les murailles. L'Iris jaune fleurit au bord des marais, des étangs et des fossés. Dans les bois ombragés, on trouve l'Iris fétide. Sur les collines, on distingue l'Iris graminée, remarquable par ses feuilles étroites et ses jolies fleurs d'un violet mélangé de pourpre et de bleu. L'Iris bulbeuse est commune dans les jardins ainsi que l'Iris de Suze et l'Iris de Perse.

III

« Place à nos fleurs embrasées,
» Dont les teintes irisées
» Nous ont. . . . .

» Valu le nom symbolique
» Qu'avait, dans l'Olympe antique,
» La messagère des Dieux. »

Ce sont, en effet, les couleurs éclatantes et variées de ces fleurs qui leur ont valu le nom d'Iris, la messagère des Dieux de l'Olympe païen.

LA LÉGENDE DE LA PASSIFLORA

Page 203.

La Passiflora, qui porte aussi souvent le nom de *Grenadille, Fleur de la Passion*, contient en effet tous les instruments de la Passion. Le beau cercle de filaments roses, pourpres et violets qu'on voit à l'intérieur du calice de ces fleurs, représente la couronne d'épines; les trois styles sont les clous; les feuilles, terminées par trois pointes, figurent la lance, et les vrilles, le fouet.

Dans la *Passiflora incarnata,* la couronne est de couleur purpurine dans le centre, d'un violet pâle à la circonférence avec un cercle noir à sa partie moyenne; dans la *Passiflora cærulea,* elle est bleue vers l'extrémité des filaments, purpurine vers la base, avec un cercle blanc dans la partie moyenne; enfin dans la *Passiflora quadrangularis*, — une des plus belles espèces de ce genre, — la couronne est composée de filets nombreux, très longs et très agréablement mouchetés ou panachés.

LA CAPUCINE ET LE POIS DE SENTEUR

Page 227.

III

« . . . . Si tu pouvais voir
» Comme elles sont grandes et belles,
» Tes coupes d'où — quand il fait noir —
» Sortent de vives étincelles ! »

Les fleurs de la Capucine, d'une forme si singulière, sont fort grandes et fort jolies. Dans les beaux jours de l'été, vers le soir, il en sort une étincelle électrique. Ce curieux phénomène a été observé la première fois par la fille de Linné.

« Les tiennes. . . . .
» Ont les riches couleurs des ailes
» De ce papillon qui, le soir,
» Poursuit sur l'eau les demoiselles. »

Le Pois de senteur, qui fait avec la Capucine et le Cobéa l'ornement des fenêtres du pauvre, a des fleurs veloutées qui ressemblent aux ailes des plus beaux papillons, et particulièrement à celles du papillon Paon, qu'on a si poétiquement nommé le roi du crépuscule, et qui, à son tour, ressemble à une fleur ailée.

L'HÉLIANTHE

Page 233.

II

« Moi, la fleur du soleil, que, sous un ciel de feu,
» Tout un peuple, jadis, adorait comme un Dieu ! »

L'*Hélianthus*, vulgairement *Tournesol*, *Fleur du soleil*, *Grand soleil,* est originaire du Pérou. Cette fleur était jadis honorée, dans cette contrée, comme l'image du soleil que les Péruviens adoraient comme le père de la nature.

Les vierges du soleil, dans leurs fêtes religieuses, portaient toutes une couronne d'or qui représentait cette fleur immense et du plus bel éclat.

LA SENSITIVE

Page 241.

« . . . . Mon sensible feuillage,
» Qu'un souffle fait mouvoir, que contracte un nuage,
» Qui frissonne sans cesse, est sans cesse agité..... »

Douée d'une sensibilité incroyable, la Sensitive semble fuir sous la main qui la veut toucher. Un nuage qui passe devant le soleil suffit pour changer la direction de ses fleurs, et la moindre commotion fait mouvoir et fermer son feuillage. A la plus légère secousse, ses folioles s'appliquent les unes sur les autres et se recouvrent par leur partie supérieure. Personne n'a pu encore expliquer ce phénomène d'une manière satisfaisante.

Dans le langage des fleurs, on a fait de la Sensitive le symbole de la pudeur.

LA TUBÉREUSE

Page 243.

« L'Orient, tout peuplé de splendides merveilles,
» Me vit naître. . . . . »

La Tubéreuse (*Polyanthes tuberosa*) est originaire des Indes orientales. Elle a été transportée en Europe dans le courant du seizième siècle. L'Écluse est le premier qui ait mentionné cette belle fleur, qui ne réussit parfaitement que dans les contrées méridionales.

LA CHANSON DU BUISSON

Page 245.

IV

« Car je l'ai vu dans l'espace,
» Et j'ai senti sur ma face
» Passer son souffle de feu. »

On sait que Dieu apparut à Moïse sur le Sinaï, dans un buisson ardent.

LE SOUCI DES CHAMPS

Page 251.

« Vous trouverez toujours ma jaune fleur ouverte..... »

Emblème des chagrins et des peines, la fleur dorée du Souci fleurit toute l'année. Les Romains l'appelaient *Calendula*, Fleur des calendes, parce qu'elle se succédait tous les mois.

« Je vis seul, les regards fixés avec amour
» Sur le soleil. . . . . »

Les fleurs de cette plante offrent cette particularité avec

l'*Hélianthus*, l'Héliotrope et quelques autres, qu'elles se tournent toujours vers le soleil, et suivent son cours d'Orient en Occident. Le Souci des jardins ne s'ouvre que lorsqu'il est éclairé par le soleil, et se ferme, comme beaucoup d'autres Composées, à son coucher.

LE LIERRE

Page 253.

I

« Moi, quand de neige elles sont blanches,
» Je pare de feuilles les branches
» De l'arbre qui m'offre un appui..... »

Le Lierre, on le sait, jouit d'une verdeur perpétuelle, et rien ne peut le séparer de l'arbre qu'il embrasse une fois. Quelques auteurs ont représenté l'ingratitude sous la forme du lierre, qui étouffe son soutien. Bernardin de Saint-Pierre a vivement repoussé cette calomnie. Le Lierre lui paraît le modèle des amis. Pendant l'hiver, il orne les plantes de son feuillage. Compagnon de leurs destinées, il tombe quand on les renverse. La mort même ne le détache pas de son soutien ; et il décore, de sa constante verdure, le tronc tout desséché de l'appui qu'il adopte.

III

« Chez tous les peuples, les poètes
» M'ont chanté ! — L'Égypte, en ses fêtes,
» Me rendit un culte divin ;

» Et j'ornais, comme les Acanthes,
» En Grèce le front des Bacchantes
» Et les thyrses du Dieu du vin. »

Les auteurs les plus anciens, poètes, historiens, naturalistes, médecins, tous ont parlé du Lierre. En Égypte, il était consacré à Osiris; dans la Grèce, à Bacchus. Dans les jours de fêtes, les statues, les thyrses, les casques, les boucliers du dieu de la vendange étaient ornés de lierre, et les Bacchantes en portaient des couronnes. On en ceignait aussi le front des buveurs; car les anciens lui attribuaient la faculté de dissiper les vapeurs de l'ivresse.

IV

« Je donne aux ruines, des fleurs ;
» Aux oiseaux, des fruits..... »

Les fleurs du Lierre sont petites, verdâtres et disposées en ombelles à l'extrémité d'un long pédoncule; elles paraissent dans l'automne; il leur succède de petites baies noirâtres dont les merles et les grives se nourrissent pendant l'hiver.

LA CIGUË

Page 259.

II

« Mais quand pour mettre à mort ceux que l'Aréopage
» Avait jugés, Athène eut prescrit mon breuvage..... »

La Ciguë était employée par les Athéniens pour faire périr ceux que l'Aréopage avait condamnés à la peine capitale. La mort de Socrate a suffi pour immortaliser cette plante vénéneuse.

« Mes livides rameaux inspirèrent l'horreur ;
» Et les mères, fuyant ma foliole aiguë... »

La *Cicuta virosa* a des folioles aiguës, d'un vert noirâtre, et des fleurs blanches disposées en ombelles très ouvertes. On la reconnaît facilement à ses tiges parsemées de taches livides comme la peau d'un serpent, à son odeur vireuse, et à sa saveur désagréable.

LES FLEURS DES PRÉS

Page 275.

II

« Les Sainfoins toujours en éveil....

Le Sainfoin oscillant doit son nom au mouvement de ses folioles qui sont, pendant le jour, dans une agitation perpétuelle.

V

« Cette autre, au feuillage agité,
» Qui cause avec l'Elléborine,
» . . . . c'est la Brize mutine,
» Miroir de la frivolité. »

L'Elléborine à languette (*Serapias lingua*) est très commune dans les prés. Ses fleurs sont purpurines et ses pétales étroits et lancéolés. — La *Brize* (*Brisa*) fleurit aux mêmes endroits et ses pédoncules sont presque toujours en mouvement, principalement ceux de la Brize amourette (*Brisa media*), que l'on nomme vulgairement : *Amourette*, *Gramen tremblant*, *Pain d'oiseau*. Le symbole de cette fleur est : *Frivolité*.

FIN DES NOTES

EMBLÈMES

DES FLEURS ET DES PLANTES

DONT IL EST PARLÉ DANS CE VOLUME

EMBLÈMES

A

Acanthe	Arts.
Aloès	Amertume, douleur.
Amaryllis	Fierté.
Anémone des prés	Maladie.
Anémone	Abandon.
Ancolie	Folie.
Angélique	Inspiration.
Argentine	Naïveté.
Armoise	Bonheur.
Asphodèle	Regrets.
Aster	Arrière-pensée.
Aubépine	Espérance.

B

Balsamine	Amusement frivole.
Belle de jour	Coquetterie.
Belle de nuit	Timidité.
Bleuet	Délicatesse.
Brize tremblante	Frivolité.
Bruyère	Solitude.
Buglosse	Mensonge.

C

Chardon	Austérité.
Chèvrefeuille.	Liens d'amour.
Citronnelle	Douleur.
Clématite	Artifice.
Convolvulus de nuit. . . .	Nuit.
Coquelicot.	Consolation.
Cyprès.	Deuil.

D

Dahlia	Nouveauté.
Datura.	Charmes trompeurs.

E   F

Églantine	Poésie.
Fleur d'oranger	Chasteté.

G

Géranium triste.	Esprit mélancolique.
Giroflée des murailles. . .	Fidèle au malheur.
Glycine	Douce amitié.
Grenadille.	Croyance.

H

Hélianthe	Fausses richesses.
Héliotrope	Enivrement d'amour.
Hortensia	Froideur.
Hyacinthe	Jeu.

I J

Immortelle	Souvenir immortel.
Iris	Message.
Jacinthe	Bienveillance.
Jasmin commun	Amabilité.
Jonquille	Désir.

L

Laurier	Gloire.
Laurier-rose	Perfidie.
Lavande	Méfiance.
Lierre	Amitié.
Lilas	Première émotion d'amour.
Lin	Bienfaisance.
Liseron des champs	Humilité.
Lunaire	Oubli.
Lys	Majesté.

M

Mandragore	Rareté.
Marguerite des prés	M'aimez-vous ?

MARGUERITE-REINE	Variété.
MOUSSE	Amour maternel.
MUGUET	Retour du bonheur.
MYRTE	Amour.

N

NARCISSE	Égoïsme.
NYMPHÉA BLANC	Éloquence.
NYMPHÉA JAUNE	Refroidissement.

O

ŒILLET DE POÈTE	Dédain.
ŒILLET-VIF	Amour vif et pur.
OLIVIER	Paix.
ORANGER	Générosité.
OSMONDE	Rêverie.

P

PAQUERETTE SIMPLE	Innocence.
PAQUERETTE DOUBLE	Affection.
PASSIFLORE	Croyance.
PAVOT BLANC	Sommeil du cœur.
PENSÉE	Pensée.
PERCE-NEIGE	Consolation.
PERVENCHE	Doux souvenirs.
PIVOINE	Honte.
PRIMEVÈRE	Première jeunesse.

R

Renoncule bouton d'or	Perfidie.
Renoncule asiatique.	Vous êtes brillante d'attraits.
Renoncule scélérate	Ingratitude.
Réséda.	Vos qualités surpassent vos charmes.
Romarin	Consolation.
Rose.	Beauté.
Rose blanche.	Silence.
Rose jaune	Infidélité.
Rose mousseuse	Amour, volupté.
Rose trémière.	Fécondité.
Rose de Gueldre	Bonne nouvelle.

S

Sainfoin oscillant.	Agitation.
Sauge	Estime.
Sensitive	Pudeur.
Soleil	Fausses richesses.
Souci.	Chagrin, peine.
Syringa	Amour fraternel.

T

Thym.	Activité.
Tubéreuse	Volupté.
Tulipe	Déclaration d'amour.

V

Valériane	Facilité.
Véronique	Fidélité.
Verveine	Enchantement.
Vigne	Ivresse.
Violette	Modestie.
Violette blanche	Candeur.

TABLE

TABLE DES MATIÈRES

	Pages
Aux Magnolias de la Villa ****	1
En guise de préface	3
Prélude	11
La Rose	33
La Primevère	39
La Marguerite	41
Le Perce-Neige	43
La Légende de la Pâquerette	45
Le Myosotis	49
L'Aubépine	51
L'Anémone des prés	53
Le Lys et la jeune fille	57
Le Jasmin	61
Le Lilas	67
Le Muguet	69
La Légende de l'Épi de la Vierge	71
La Bruyère solitaire	75
Le Bleuet et le Coquelicot	77
Chœur de Renoncules	79
La Belle de Nuit	83
La Pervenche	85
Le Nymphéa blanc	89
Le Thym	93

Le Narcisse	95
La Chanson de la Mousse	97
Le Camellia blanc	103
La Fleur de pêcher	105
La Pensée	107
La Jonquille	111
La Rose et le Zéphyr	115
Chœur de Pavots	119
La Violette	123
Le Réséda	125
La Tulipe	131
La Fleur brisée	133
La Verveine	137
La Belle de Jour	143
L'Olivier	145
La Fleur de lin	147
Le Datura	151
La Rose trémière	153
La Légende de la Rose de Gueldre	155
Le Cactus	159
Chœur de Campanules	161
La Lunaire	167
Les Fuchsias	169
La Clématite et le Liseron	173
Le Géranium triste	175
Le Dahlia	179
L'Aster et l'Étoile	181
L'Immortelle	185
Chœur d'Iris	187
Chœur d'Œillets	191
Le Chèvrefeuille	195
La Giroflée des murailles	201
La Légende de la Passiflora	203
L'Hortensia	211

	Pages
Le Myrte et le Laurier	215
La Chanson de la Vigne	217
L'Héliotrope	225
La Capucine et le Pois de senteur	227
L'Hélianthe	233
L'Églantine	237
La Sensitive	241
La Tubéreuse	243
La Chanson du buisson	245
Le Souci des champs	251
Le Lierre	253
La Ciguë	259
L'Argentine et le Bouton d'or	265
La Fleur de l'Oranger	269
Chœur de Fleurs et d'Étoiles	271
Les Fleurs des prés	275
Notes	283
Emblèmes des fleurs	307

FIN DE LA TABLE

www.ingramcontent.com/pod-product-compliance
Lightning Source LLC
Chambersburg PA
CBHW060358170426
43199CB00013B/1913